HRBP
传统HR进化之路
修炼手册

刘彤 —— 编著

HRBP ADVANCED HANDBOOK

清华大学出版社
北京

内 容 简 介

随着企业人力资源部门职能的分化和升级，HRBP（HR Business Parter，人力资源业务合作伙伴）也随之产生。相比传统的HR，HRBP不仅具备较强的人力资源管理能力，还能够深入业务，以业务为出发点提出人力资源解决方案。本书以HRBP为主体，介绍了HRBP的前世今生，以及传统HR进化成HRBP需要具备的业务能力、HR能力、管理能力等。通过阅读本书，传统HR能够找准自己转型的方向，并学习相应的专业知识，新手HRBP也可以进一步提升自己的工作能力。

本书封面贴有清华大学出版社防伪标签，无标签者不得销售。

版权所有，侵权必究。举报：010-62782989，beiqinquan@tup.tsinghua.edu.cn。

图书在版编目(CIP)数据

HRBP修炼手册：传统HR进化之路 / 刘彤编著 . —北京：清华大学出版社，2022.7
（新时代·管理新思维）
ISBN 978-7-302-58672-2

Ⅰ.①H… Ⅱ.①刘… Ⅲ.①企业管理－人力资源管理 Ⅳ.①F272.92

中国版本图书馆CIP数据核字 (2021) 第145207号

责任编辑： 刘　洋
装帧设计： 方加青
责任校对： 王荣静
责任印制： 宋　林

出版发行： 清华大学出版社
　　　　　网　　址： http://www.tup.com.cn, http://www.wqbook.com
　　　　　地　　址： 北京清华大学学研大厦A座　　**邮　编：** 100084
　　　　　社 总 机： 010-83470000　　　　　　　　　　**邮　购：** 010-62786544
　　　　　投稿与读者服务： 010-62776969, c-service@tup.tsinghua.edu.cn
　　　　　质 量 反 馈： 010-62772015, zhiliang@tup.tsinghua.edu.cn
印 装 者： 小森印刷霸州有限公司
经　　销： 全国新华书店
开　　本： 170mm×240mm　　　**印　张：** 16.25　　　**字　数：** 248千字
版　　次： 2022年7月第1版　　　**印　次：** 2022年7月第1次印刷
定　　价： 88.00元

产品编号：091896-01

前言

企业的发展离不开"人"的支撑,在市场竞争日益激烈的今天,人力资源成为企业的重要竞争力。在这种形势下,企业对 HR 的能力提出了更高要求,传统 HR 已经难以满足企业发展需要,而 HR 向 HRBP 的进化也并非易事。本书针对这一难点,讲解由 HR 进化为 HRBP 需要进行哪些修炼。

本书共分为四篇。第一篇为 HRBP 的前世今生。在 HRBP 出现之前,传统 HR 在工作中往往屡遭业务部门吐槽,当业务部门业绩不佳时,HR 也常常成为"背锅侠"。究其原因,就在于 HR 在提出人力资源解决方案时,忽略了业务实际情况与业务部门的需求。

HRBP 是 HR 的转型和进化,是业务部门的战略伙伴,其能够站在业务部门的角度思考业务部门的需求,同时根据其对业务的理解和人力资源专业知识提出有针对性的人力资源解决方案。

第二篇为业务能力。业务能力是 HRBP 需要具备的关键能力,只有懂业务,才能够协助业务部门解决业务问题。HRBP 需要熟悉业务语言,明确业务流程,追踪业务进程,了解业务现状。同时,HRBP 需要进行业务诊断,诊断商业模式、业务战略落地痛点以及业务流程等,并根据其中存在的问题给出行之有效的解决方案。做好这些,HRBP 才能够体现自己的价值。

第三篇为 HR 能力,即人力资源管理能力。这是 HRBP 需要具备的基本能力。HRBP 需要针对业务部门中存在的问题和业务部门的需求,提出相应的招聘、员工培训、绩效管理、人才管理方面的计划，为业务部门的发展提供人力资源支持。

人才盘点是人力资源工作的重要内容，HRBP需要做好人才盘点工作，找出业务部门中的"明星"员工、"野狗"员工、"黄牛"员工和"小白兔"员工，并对其进行有针对性的管理。在进行人才盘点时，HRBP需要掌握一定的策略，准确识别核心人才。同时，在人才盘点结果的应用方面，HRBP需要制订企业接班人计划，建立企业后备人才管理体系，为企业发展提供人才支持。

随着企业的发展，企业的组织架构也需要不断调整。在这方面，HRBP需要做好组织诊断，对组织职能进行分析，如发现组织职能存在问题，则需要对组织架构进行调整。

第四篇为管理能力。HRBP需要进行大量管理工作，因此，管理能力也是其需要具备并不断提高的能力。HRBP需要做好员工管理，与业务部门做好沟通；需要做好运营管理，从企业运营角度设计人力资源解决方案并提升组织能力；需要做好战略管理，在制定战略时积极献言献策，并在战略执行阶段推动战略落地；需要做好企业文化管理，推动形成正确的、具有影响力的企业文化，使企业文化能够深刻影响员工的行为。

本书通过对以上内容的讲解，指出了HRBP需要具备的关键能力，同时为HRBP提供了方法论指导。在内容设计方面，本书不仅包含大量干货，还插入了大量案例、图片和表格，力求让读者在学到知识的同时获得更好的阅读体验。

第一篇　HRBP 的前世今生

第 1 章　为什么 HR 屡遭业务部门吐槽 / 2

- 1.1 业务部门眼中 HR 的五大形象 / 2
  - 1.1.1 以人力资源管理为工作重点 / 3
  - 1.1.2 不懂业务不接地气 / 4
  - 1.1.3 一味强调自己的权力 / 5
  - 1.1.4 闭门造车只会编写制度 / 6
  - 1.1.5 主要工作内容是"打杂" / 8
- 1.2 业绩不达标，HR 沦为"背锅侠" / 9
  - 1.2.1 新人不开单，是 HR 招聘不给力 / 10
  - 1.2.2 离职率高，是 HR 绩效管理不到位 / 11
  - 1.2.3 业绩完不成，是 HR 安排的培训太多 / 12

第 2 章　从 HR 到 HRBP，架起与业务部门沟通的桥梁 / 15

- 2.1 HRBP 是什么 / 15
  - 2.1.1 人力资源三支柱模型 / 16
  - 2.1.2 HRBP 四角色模型 / 17
- 2.2 从 HR 到 HRBP 的思维升级 / 21

2.2.1 管控思维向客户思维转变 / 21
2.2.2 运营思维向经营思维转变 / 23
2.2.3 被动响应向主动出击转变 / 25

2.3 从 HR 到 HRBP 的能力突破 / 26
2.3.1 人际链接能力 / 26
2.3.2 业务理解能力 / 28
2.3.3 HR 专业能力 / 30
2.3.4 问题解决能力 / 32

第二篇 业务能力

第3章 HRBP 如何才算懂业务 / 36

3.1 熟悉业务语言 / 36
3.1.1 基础业务语言 / 37
3.1.2 特定行业语言 / 42
3.1.3 团队个性语言 / 43
3.1.4 构建业务语言学习体系 / 44

3.2 明确业务流程 / 47
3.2.1 HRBP 应从哪些方面了解业务 / 48
3.2.2 串联业务知识，形成完整的逻辑链 / 51

3.3 追踪业务进程 / 52
3.3.1 对业务目标了然于胸 / 52
3.3.2 保持沟通，明确阶段性进展 / 53
3.3.3 可视化管理，目标进度清晰可见 / 55

第4章 业务诊断：找到业务部门的痛点 / 58

4.1 诊断商业模式规划 / 58
4.1.1 绘制简单的业务逻辑图 / 58
4.1.2 评估商业模式的可行性 / 61

目录

4.2 诊断战略落地痛点 / 62
 4.2.1 找到问题出现的原因 / 62
 4.2.2 从业务与人性的角度解决问题 / 66

4.3 诊断业务流程协同 / 67
 4.3.1 如何连接产品和研发 / 67
 4.3.2 主动给出解决方案 / 69

第三篇　HR能力

第5章　HRBP为业务部门提供综合性人力资源解决方案 / 72

5.1 规划HR工作重点 / 72
 5.1.1 基础性工作流程化 / 72
 5.1.2 增值性工作集成化 / 74

5.2 对症下药的招聘策略 / 75
 5.2.1 从供需角度分析人才困境 / 75
 5.2.2 围绕业务做招聘 / 77
 5.2.3 如何降低业务部门的离职率 / 77

5.3 提升员工的胜任力 / 80
 5.3.1 培训上"云" / 80
 5.3.2 场景还原式培训 / 82
 5.3.3 培训体系与人才管理相结合 / 82

5.4 激活绩效管理体系 / 86
 5.4.1 绩效管理是业务部门的命脉 / 86
 5.4.2 是谁在考核员工绩效 / 89
 5.4.3 绩效评价看什么 / 91
 5.4.4 绩效反馈说什么 / 95

5.5 留住核心人才 / 97
 5.5.1 "充分拉开差距"的激励机制 / 97
 5.5.2 设计好人才发展通道 / 100

第6章 人才盘点：算好团队人才"账" / 105

6.1 人才盘点"盘"哪些人 / 105
6.1.1 "明星"员工：有才有德的员工 / 106
6.1.2 "野狗"员工：有才无德的员工 / 107
6.1.3 "黄牛"员工：任劳任怨的员工 / 109
6.1.4 "小白兔"员工：有德无才的员工 / 110

6.2 人才盘点策略 / 111
6.2.1 组织盘点是人才盘点的基础 / 112
6.2.2 人才盘点的关键步骤 / 114
6.2.3 如何识别关键人才 / 116
6.2.4 警惕人才"误区" / 120

6.3 接班人计划 / 121
6.3.1 核心岗位接班人计划 / 121
6.3.2 部门经理接班人计划 / 122
6.3.3 设计企业后备人才管理体系 / 125
6.3.4 IBM：把员工培养成"将军" / 127

第7章 组织诊断：保证健康的组织架构 / 130

7.1 基于HRBP的组织诊断 / 130
7.1.1 并非所有组织都适合HRBP / 130
7.1.2 诊断思维，透过现象看本质 / 131
7.1.3 优选方法，找出组织问题 / 132

7.2 组织诊断4个常用工具 / 135
7.2.1 韦斯伯德的"六盒模型" / 135
7.2.2 麦肯锡的"7S模型" / 137
7.2.3 加尔布雷斯的"星型模型" / 140
7.2.4 开放系统模型：输入、转换、输出 / 141

7.3 组织职能分析 / 142
7.3.1 职能缺失：职能设置存在关键业务能力的缺失 / 142
7.3.2 职能错位：某部门承担了其他部门要具备的职能 / 144

7.3.3 职能弱化：某部门的业务能力不足以支撑业务运行 / 145

7.3.4 职能交叉：业务分散在两个或者两个以上的部门 / 147

7.4 组织架构调整 / 148

7.4.1 组织架构要匹配企业的发展变化 / 148

7.4.2 组织架构调整比较复杂，应逐步推进 / 151

7.4.3 模糊组织边界 / 153

第四篇 管理能力

第8章 员工关系管理：提升员工的主动性 / 156

8.1 HRBP 如何与业务部门沟通 / 156

8.1.1 以"共赢"为沟通前提 / 156

8.1.2 找到关键人，建立信任关系 / 158

8.1.3 CRIB 模型：表达"共赢"诉求 / 159

8.1.4 循序渐进，体现价值 / 160

8.2 协调业务部门内部矛盾 / 162

8.2.1 透过现象看本质：找到根本原因 / 162

8.2.2 通过"搭场子"解决员工的冲突 / 164

8.2.3 少说命令，学会建议 / 165

8.2.4 管理员工情绪 / 166

8.2.5 MECE 分析法：4 步优化员工关系 / 168

8.3 拒绝为业务部门"背锅" / 170

8.3.1 让业务部门承担起人员管理的责任 / 170

8.3.2 目标细化，责任到人 / 171

8.3.3 如何帮助业务部门打开局面 / 173

第9章 运营管理：为企业运营保驾护航 / 174

9.1 为运营赋能 / 174

9.1.1 产品化思路 / 174

9.1.2 有针对性地提出人力资源解决方案 / 175

9.1.3 用精细化数据进行人力资源管理 / 177

9.2 重塑组织能力 / 179
 9.2.1 规划组织能力提升方向 / 180
 9.2.2 激活组织效能 / 181

9.3 在变革中发挥价值 / 183
 9.3.1 为组织"号脉" / 184
 9.3.2 承担不同的角色 / 186
 9.3.3 学会任用员工 / 189
 9.3.4 迭代思维推动变革 / 190

第 10 章 战略管理：厉害的 HRBP，都是战略型的 / 192

10.1 具备战略眼光 / 192
 10.1.1 做什么：企业的战略定位 / 192
 10.1.2 做成什么样：企业的使命和战略目标 / 193
 10.1.3 怎么做：如何超越竞争对手 / 194

10.2 为战略实施作出贡献 / 195
 10.2.1 参与企业战略规划讨论 / 196
 10.2.2 做战略执行的"后盾" / 196

10.3 推动战略落地 / 198
 10.3.1 做企业经营的促进者 / 199
 10.3.2 做员工绩效的支持者 / 200
 10.3.3 实现战略性薪酬管理 / 203
 10.3.4 用关键目标管理业务 / 204

第 11 章 文化管理：为企业注入生命力 / 207

11.1 企业文化的构成 / 207
 11.1.1 精神文化 / 208
 11.1.2 制度文化 / 210
 11.1.3 物质文化 / 211

11.2 企业文化的误区 / 211

11.2.1 认知误区：对企业文化的认知过于片面 / 212
11.2.2 提炼误区：小恩小惠≠企业文化 / 214
11.2.3 推广误区：对挂在墙上的标语说"不" / 215
11.2.4 评估误区：归属感与使命感 / 217

11.3 HRBP如何为企业文化变革赋能 / 218
11.3.1 价值观取向是招聘的硬指标 / 218
11.3.2 入职培训要培养价值观认同感 / 220
11.3.3 将企业价值观融入考核体系 / 221
11.3.4 建立符合企业价值观的薪酬体系 / 224
11.3.5 把控企业文化变革全流程 / 230

附录

附录A　HRBP职务说明书 / 236

附录B　HRBP工作流程 / 238

附录C　2020年度HRBP工作计划书 / 241

附录D　人才盘点评估表 / 245

参考文献 / 248

第一篇

HRBP 的前世今生

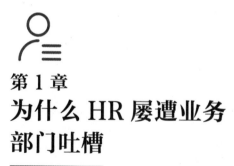

第1章
为什么HR屡遭业务部门吐槽

在许多公司中,HR被业务部门吐槽是常态,如:"HR连基本的业务知识都不懂,怎么帮助我们进行业务诊断?""HR只会一味地用政策、流程来要求我们,根本不了解我们的需求!"这些吐槽的背后体现出业务部门对HR的诸多不满。

在这种背景下,业务部门对HR形成了固有印象,认为他们不了解业务部门的需求,不懂业务,不接地气,只会按照自己的想法行事。因此,当业务部门的业绩不达标时,HR往往会沦为"背锅侠",业务部门会将业绩不达标的主要原因归咎于HR工作不给力。

1.1 业务部门眼中HR的五大形象

在业务部门眼中,HR往往是这样的:以人力资源管理为工作重点,不了解业务部门的需求;不懂业务,不接地气,工作难以落实;强调自己的权力,以权压人;闭门造车,只会编写制度,而且制度不切实际。甚至一些业务部门认为,HR就是在一个打杂的部门里负责"打杂"。

1.1.1 以人力资源管理为工作重点

赵磊是某制造公司的 HRBP。上个月，公司因为产品不合格问题失去了一个大客户。赵磊经过调查发现，产品的次品率为 10%，而行业平均水平为 6%。经过与部门其他同事讨论，赵磊认为产品问题不是出在生产技术上，而是因为操作员工缺乏质量控制培训。

在得出这一结论后，赵磊决定为生产部门的操作员工组织一场质量控制培训。该项培训分为 4 个单元，每个单元耗时 2 小时，每周实施 1 个单元，计划在 1 个月内完成培训，目标是将产品的次品率降到行业平均水平 6%。培训内容包括讲课、讨论和案例分析，培训对象是生产部门的所有操作员工。

赵磊认为这次培训能够极大地降低次品率，事实上培训评估也显示出了较好的结果，次品率降到了 6%。但此时又产生了新的问题，由于员工培训拖慢了生产进度，导致当下生产的这一订单未能及时完成，公司为此赔付了违约金。

这件事情之后，生产部门经理和赵磊的领导都对赵磊提出了批评，赵磊也因此受到了处罚。

在上述案例中，赵磊的失误之处就在于其工作只着眼于人力资源专业而没有关注业务部门的需求。当出现次品率较高的问题时，赵磊只是从人力资源专业角度思考问题，认为对操作员工进行培训能够解决这一问题，但却忽视了业务部门的实际需求，即在提高产品质量的同时也要保证生产进度。

如果赵磊以业务部门的需求为中心思考问题，考虑到业务部门生产的实际情况，可能就会做出更科学的决策。例如，思考次品率较高是不是一部分操作员工的问题？在进行培训时，为了保证业务部门的生产效率，是不是只对部分存在问题的操作员工进行培训即可？如果赵磊能够立足于业务部门的需求考虑问题，也许就能避免上述问题的发生。

以人力资源管理为工作重点是业务部门对 HR 的固有印象之一。HR 往往以专业职能输出为工作重点，习惯于从人力资源角度分析业务需求，这会使得 HR 忽视业务部门的业务需求、业务痛点，难以做出科学决策，而业务部门也看不到 HR 的服务价值，往往 HR 越强调自己的专业度，离业务部门的需求就越远。

在很多公司里，HR 并不了解业务，反而更关注绩效结果，以数据论英雄，并且习惯以自己的理论来分析问题、解决问题。对于没有达到自己预期的事情，他们往往会认为是业务部门不够努力，或者是缺乏培训，并据此对人员发展、考核导向等方面做出调整。这样自以为是的做法自然会引发 HR 和业务部门的矛盾。

1.1.2 不懂业务不接地气

不懂业务不接地气是业务部门对 HR 的主要印象，也是 HR 广受业务部门吐槽的点。

某公司需要招聘一个前端开发经理，作为该公司的 HR，周子成需要与技术总监对接岗位需求。以下是二人的对话。

周子成："您需要招聘前端开发经理的原因是现在的前端开发经理要离职？"

总监："对，他的孩子太小，在外工作放心不下，想回老家工作，方便照顾家庭。"

周子成："哦。那你对这个岗位有什么具体要求？"

总监："统招本科，最好有上市公司工作经历，有 3 年以上前端开发经验，有团队管理经验。"

周子成："计划薪酬是多少？"

总监："1.5 万元左右。"

周子成："急不急？"

总监："尽快吧，现在的前端开发经理下个月就要走。"

周子成："好，那我尽快。"

这是很多 HR 工作的真实写照，而沟通的结果就是这个职位很难招到人，或者招到的人与岗位不够匹配。原因就在于周子成不懂业务，没有较强的业务意识，没有思考技术总监提出的要求是否合理，没有了解岗位的具体工作内容，因此很难把握选人与岗位的匹配度。

事实上，像周子成这样的 HR 有很多，不懂业务似乎成了 HR 的通病，这也使得其制定的制度、对业务部门的调整不接地气，难以推行。例如，HR 往往会根据自己的专业知识和经验制定制度，然后从上往下推行。在推行过程中，往往会出现制度在实际工作中难以执行的情况。同时，由于缺乏对业务的理解和必要的灵活性，往往会出现一个部门"生病"，所有部门都"吃药"的情况。

如果 HR 不了解公司所在行业的行业背景，不了解公司的业务流程，不能通过业务语言与业务部门人员沟通交流，那么在业务部门眼中，这样的人力资源工作又有多少价值呢？业务部门希望 HR 能够将人力资源的专业知识与业务需求紧密结合，提供个性化的部门定制解决方案。

1.1.3　一味强调自己的权力

某公司刚刚完成融资，开始进行多城市发展，业务体系也越来越复杂。公司原有的组织架构比较粗糙，是按照研发、产品、运营、人力、财务等职能来划分的，公司老板找到 HR 部门经理钱兴，让其着手调整组织架构，制定合理的调整方案。

在接到这一任务后，钱兴询问了老板的想法，以明确他想怎么调整，分成哪些部门和哪些业务线，每条业务线下需要配置哪些资源等。

明确了老板的思路后，钱兴按照其思路制作了组织架构图，并与老板沟通了意见。在获得老板认可后，钱兴召集各部门经理召开了会议。在会议上，钱兴向各部门经理解释了调整组织架构的原因，并详细介绍了组织架构调整内容、人员安排等具体方案。

一些部门经理对组织架构调整方案提出了异议，不满自己的人事调动，对此钱兴强调方案已经获得老板认可。最终，经过大家的讨论，方案通过，各部门照章执行。

在上述案例中，钱兴的错误是非常明显的。首先，在接受任务后，钱兴应与各部门经理进行沟通，了解现有组织架构及人员状况，再结合老板的想法，制定科学的组织架构调整方案。其次，在有部门经理对组织架构调整方案提出异议时，钱兴不能以权压人，而要通过对方的阐述分析自己的思路是否存在缺陷，或者及时向老板反映情况，再对方案进行调整，以保证方案的合理性。

在业务部门眼中，一味地强调自己的权力是很多HR的通病。

业务部门认为HR只会强调自己的权力，只会以流程、政策约束业务部门，以"公司的要求"为由压制业务部门。

这种现象在很多公司中十分常见，要想打破这种形象，HR就需要重视业务部门的需求和反馈，并据此调整自己的决策，而不是一味地强调自己的权力。

1.1.4 闭门造车只会编写制度

某软件开发公司经历了两年多的发展，经营逐渐走向正轨，但是考勤一直是公司的老大难问题。

秦晓锋是这家公司的HR部门经理，在公司建立之初，他就和部门中的同事们一起制定了公司考勤制度，如表1-1所示。

表1-1 公司考勤制度

一、总则
1. 目的
为保证公司的工作秩序，规范考勤，为绩效考核计算等工作提供依据，特制定本制度。
2. 适用范围
本制度适用于公司全体员工。
3. 相关职责
考勤管理由人力资源部门负责，相关人员要认真记录、如实反馈考勤工作中的问题，妥善保管各种休假凭证，及时汇总考勤信息并上报。
二、工作时间规定
1. 公司实行每周五天工作制，上班时间为8:30—18:00，中午12:00—13:30为休息时间。
2. 外勤人员根据工作的实际需要计算工作时间，不受上述规定限制。
3. 员工需严格遵守上班时间，不得迟到早退，不得旷工。

续表

三、日常考勤规定
1. 公司上下班实行刷卡制度，员工需严格遵守。 2. 严禁代刷卡，对于代刷卡员工，一经发现，一次罚款 200 元。 3. 无论迟到、早退，员工都要刷卡。 4. 若考勤系统内没有员工刷卡记录也没有员工请假记录，则视为该员工旷工。如忘带考勤卡或忘记刷卡，员工应及时到前台登记。此类情况，每月不得超过 3 次。 5. 各部门的考勤统一由人力资源部门管理，HR 部门会于每月 10 日前统计员工考勤记录，填写考勤报表。 6. 超过规定上班时间未刷卡的员工，视为迟到。 （1）每次迟到 10 分钟以内的员工，3 次以内不予处罚，超过 3 次的，每次罚款 20 元。 （2）迟到 10 分钟以上 30 分钟以内的，每次罚款 50 元。 （3）迟到 30 分钟以上 1 小时以内的，每次罚款 100 元。 （4）迟到 1 小时以上的，按旷工处理，扣除当日工资。 7. 早于规定下班时间提前离岗的员工，视为早退。 （1）早退 10 分钟以内的，每次罚款 20 元。 （3）早退 10 分钟以上 30 分钟以内的，每次罚款 50 元。 （4）早退 30 分钟以上的，按旷工处理，扣除当日工资。 8. 凡属下列情况之一的，视为旷工。 （1）未请假或请假未批而缺勤的，扣除本人旷工时间的工资。 （2）工作时间内处理私人事务的，扣除本人旷工时间的工资。 （3）超过批准的假期没有及时续假，或没有提供缺勤有关证明的，扣除本人旷工时间的工资。 （4）岗位调整时，不服从分配，逾期不到岗的，扣除本人旷工时间的工资。 （5）迟到超过 1 小时或早退超过 30 分钟的，扣除本人旷工时间的工资。 （6）每月旷工达两次以上的，予以辞退。 四、附则 1. 本制度由公司人力资源部门修订和解释。 2. 本制度自 2018 年 3 月 20 日起施行。

虽然制定了完善的考勤制度，但制度的施行并不尽如人意。该公司的员工以年轻人为主，思维活跃，工作热情很高，遇到紧急项目时也愿意临时加班。但是在工作不紧张的时候，他们却十分散漫，上班经常迟到。

为了解决考勤这一问题，秦晓锋也曾做过多种努力，如向员工强调遵守纪律的重要性、对迟到的员工进行处罚等，但种种作为不仅没有缓解问题，还加重了秦晓锋与员工之间的矛盾。

后来，在老板的帮助下，秦晓锋和业务部门经理进行了一次沟通。业务部门经理表示，公司制定的考勤制度虽然完善，但并不符合公司的实际情况，业务部门的员工多是年轻的工程师，喜欢追求自由，不愿意接受条条框框的束缚。他认为秦晓锋有必要调整考勤制度。

了解了业务部门的需求后，秦晓锋又向业务部门经理了解了业务工作的特点。事实上，员工的工作时间具有较大的不确定性，软件出了问题要及时修复，项目赶进度时也可能会加班。针对这一情况，秦晓锋将考勤制度调整为弹性考勤制度，不再明确规定员工的上下班时间，只要求员工每周的工作时间达到40小时。

经过这一调整，秦晓锋不必每天为员工的考勤而发愁，同时员工也感受到了更多的自由，工作积极性大大提高。

由此可以看出，HR在制定制度时，需要加强与业务部门的沟通，倾听业务部门的反馈和需求，这样才能制定出真正切合实际的制度。

1.1.5 主要工作内容是"打杂"

戴超毕业后进入一家机械制造公司成了一名HR，公司100多人的工资和考勤都由他负责核算。在戴超工作的3年时间里，每个月月初都是他最忙碌的时候，公司不仅采用标准工时制，还有部分工作采用计件工资制，核算起来烦琐，常常需要加班。除了这项工作外，戴超还需要参与公司制度修订、组织培训等工作。

2020年夏季之后，公司进入淡季，同时公司的经营也出现了问题，考虑到人员冗杂、运营成本较高，公司决定裁员20人，第一个被面谈的就是戴超。戴超对此十分不解，怎么也想不到自己工作这么认真，结果还会被裁。

而戴超离职时的交接对象，不是其他HR，而是财务部门经理。这就体现了公司的意图：你的工作，财务人员就可以做，其他杂事也不是非你不可，何必再花这份冤枉钱？

戴超的经历可能让很多人感到不解，同时许多公司中像戴超这样的HR也比较多，他们的工作十分忙碌，处理的事情十分繁杂，制度制定、薪酬管理、考勤管理、人员招聘、会议组织和人员培训等都属于他们的工作范畴。但在业务部门眼里，HR 的工作就是管理日常琐事，并且像组织聚会、商务接待等工作也体现不出专业价值，对业务部门的业绩完成或关键问题解决基本没有支持和帮助。所以，业务部门往往认为人力资源部门就是一个"打杂的"部门，HR 的工作就是"打杂"。

当然，HR 在日常工作中会接触到很多事务性工作，这些工作的价值也不高，但这些工作并不是 HR 工作的全部，HR 更多的是要发挥业务伙伴的价值。

首先，HR 要具有过硬的专业知识，并了解业务部门的业务，能够根据专业知识和业务特点制订适合业务部门的人员管理计划，以此优化业务部门的人员构成，提高业务部门的工作效率。同时，当业务部门遇到难题的时候，HR 也要根据专业知识提出合理的解决方案，帮助业务部门解决问题。这样一来，业务部门就会意识到 HR 的作用了。

其次，HR 不仅要解决业务部门的问题，还要对公司有充分了解，了解公司的组织构成、发展战略等。在对公司有充分了解的基础上，HR 就可以制订出符合公司发展要求的用人计划，并根据公司发展战略调整人员管理，以此促进公司发展。当业务部门看到了公司获得发展后，自然会改变对 HR 的偏见。

HR 在公司中具有十分重要的作用，不论业务部门如何看待自己，HR 都要摆正自己的位置，以为公司解决问题为目标，不断提高自己的专业技能，及时解决公司在人员管理方面的问题，这样才是一个合格的 HR。

1.2 业绩不达标，HR 沦为"背锅侠"

许多公司会出现这种现象：当业务部门业绩不达标时，总会把原因推到 HR 身上。例如，以人员未满编、产能不足为由，甩锅给 HR；人数满编后，业绩仍不理想，再以员工实践能力太低，无法提高工作效率为由，甩锅给 HR；业务部门人员流失率较高，也会甩锅给 HR，埋怨 HR 人才发展架构搭建不合理。难道业务部门业绩不达标全都是 HR 的错？并不是这样，很多时候，HR 只是"背锅侠"。

1.2.1 新人不开单，是 HR 招聘不给力

周健是某保险公司的 HR，前几个月员工流失率较高，销售部门人手严重不足，销售部门经理向其反映了这一情况，于是周健便将工作重点放在了招聘上面。经过 3 个月的招聘，销售部门的员工基本饱和。

在对新员工进行了必要的培训后，周健觉得自己的招聘工作基本完成，销售部门也能够正常开展业务了。但没过多久，销售部门经理又找上了周健，埋怨其招聘只追求速度，招来的新员工工作能力不强，甚至一些新员工上班将近两个月了还没有销售业绩，再这样下去，他就只能裁人了。

周健感觉十分委屈。的确，为了更快地完成招聘任务，他聘用了一些没有销售经验的员工，但他考察过，这些员工都比较外向，十分健谈，做好销售工作对他们来说应该不是难事。

为了解问题的原因，他与其中一名入职时间较久但还没销售业绩的员工进行了面谈。该员工表示，自己刚刚入职的时候对这份工作还是很有信心的，培训时也了解了公司的产品和目标客户，掌握了一些销售技巧，但实际工作并不好开展。

首先，他根据公司开展的活动积累了二三十位客户，但交谈后没有一位客户成功购买保险产品，往往都是透露出购买意愿后，又表示要再考虑一下，即使自己事后主动跟进，也总是没了下文。有时候他也想和部门里的前辈沟通一下，但他们的工作也很忙，总是找不到合适的时间。

其次，在自己入职一个月没有销售业绩的时候，部门经理对其罚款 200 元作为处罚，其他未开单的同事同样受到了处罚，这使得他大为受挫，工作态度也没有以前积极了。并且，在他工作陷入瓶颈的这段时间里，部门经理并未给予他任何帮助，只是一味地指责他，在这样的环境下，他也逐渐对自己的工作失去了信心。

在了解到这些问题后，周建和业务部门经理进行了沟通，提出业务部门

经理应在日常工作中及时指导员工的工作，或者通过师徒制、定期召开交流会等方式为员工提供帮助，而不是一味地对没有开单的员工进行处罚。

在沟通中，两人制订了师徒制的计划，让有经验的老员工帮扶新员工，同时也确定了定期召开交流会的计划，员工可以在会议中分享自己在工作中遇到的困难，并通过共同讨论提出解决方案。

一段时间过后，销售部门的业绩果然有了提升，之前没有销售业绩的新员工在老员工的帮助下也顺利开单。新员工对保险销售工作熟练以后，其销售业绩有了很大提升。

在对新员工的工作能力产生质疑时，业务部门往往会把责任推到 HR 身上，认为是 HR 招聘的员工不符合岗位需求，而忽视了自己的责任。在上述案例中，新员工没有销售业绩，业务部门有不可推卸的责任。首先，业务部门经理并没有对新员工进行有效指导，没有为其工作提供帮助。其次，在面对新人不开单这一问题时，业务部门经理没有采取有效手段改善这一问题，而只是通过罚款等手段对员工进行处罚，挫伤了员工的工作积极性。

当新员工的工作出现问题时，业务部门不能一味地认为是 HR 招聘不给力。诚然，HR 招聘的员工不符合岗位需求是新员工入职后不能胜任工作的可能原因，但这并不意味着，只要是新员工的工作出现问题，就必定是 HR 的全部责任。如果总是这样认为，那么 HR 就会沦为"背锅侠"。

1.2.2　离职率高，是 HR 绩效管理不到位

北京一家科技公司十分重视研发投入，经过几年发展，其规模越来越大，由成立时的寥寥几人发展成一百多人的大团队。随着业务范围的不断扩大，为了便于管理，公司按照不同业务划分了不同的研发部门，每个部门设有部门经理和技术经理，同时配有若干工程师。

在这种模式下平稳度过两年后，2019 年夏天，公司突然出现了离职热潮。几个研发部门的离职率超过了 30%，骨干员工纷纷流失。

业务部门经理将员工流失的原因归咎于人力资源部门绩效管理不到位，

制定的薪酬措施难以留住员工。人力资源部门经理姜阳听到这一指责后，感到十分不解，因为以往的调研数据显示，公司提供的薪酬处于行业中上游水平，并且公司也为员工制定了完善的晋升机制，无论工程师以后想做技术人才，还是管理人才，都是可以实现的。

心中疑惑的姜阳并没有与他人争论，而是对离职率高这一问题进行了调查。一些已经离职的员工反馈，并不是公司的薪酬不吸引人，而是公司的工作氛围太压抑了，业务部门经理不会肯定他们的工作，只会在他们的工作出现问题时对他们横加指责。同时，很多部门的部门经理和技术经理关系并不好，经常因为意见相左而争执不下，这也导致员工的工作难以展开。

2019年夏天，市场竞争日益加剧，竞争对手为了争夺人才，纷纷向公司的员工抛出橄榄枝。本来就对公司存在怨言的员工，此时纷纷选择了离职。

在上述案例中，业务部门经理将离职率高的原因归咎于HR绩效管理不力，但事实并非如此。业务部门经理对员工的态度，和业务部门经理、技术经理之间的争执才是员工离职的主要原因。

HR在面对离职率高这一问题时，一定要客观分析出现问题的原因是什么。如果离职率高是由于HR的工作不到位，那就是HR的责任；反之，如果离职率高的原因和HR的工作无关，那么这样的判断就是不合理的。如果试用期员工的离职率高，那么可以侧面说明HR的工作不到位，但如果是已经转正甚至工作时间较长的员工频繁离职，那么多半是业务部门的管理出现了问题。

1.2.3 业绩完不成，是HR安排的培训太多

2020年7月初，某科技公司召开了上半年总结会。

在会上，公司总经理总结道："今年的市场行情并不好，受疫情影响，大家的工作开展受到了一定的阻碍，但是经过努力，也取得了不错的成绩。但是，各部门的工作也存在很多不足，例如在人效方面，就有很大的改善空间。"说着，总经理看向业务部门经理王超，让其指出部门人效低、业绩没有达成的原因。

王超解释："当前业务部门人手紧缺，现在是一个人当两个人用，很难做出业绩。"

这时，人力资源部门经理李奇说话了："这几个月以来，我们部门哪个月没有在全力以赴地给你们招人？业务部门每个月的入职数量比之前多了很多。"

王超反驳："那要看你招的什么人，现在招的这些人都是新手，要花费大量时间和精力做培训，同时还要保证业绩，业务部门人手根本不够用。"

李奇也很为难："经理，不是大家不努力，我们一直在做招聘工作，入职数也有了很大提升，也加大了新员工的培训强度，但是受疫情影响，整个行业的行情都不好，要想完成去年定下的业绩目标，的确很难。"

总经理问："有什么解决办法吗？"

李奇说道："一般来说，要想提高人效，一方面是从人出发，人越少越好，另一方面是从效率出发，效率越高越好。所以在策略上，不是招聘高素质人才，就是将工作效率低的员工裁掉。但现实往往是高素质人才招不到，低效率员工不能裁。对于这个问题，我制定了以下解决方案。"

接着，李奇讲出了他的方案：

第一，明确人才建设目标，是招聘高素质人才，还是培养低效率员工？高素质人才上手快，但成本高、风险大，低效率员工培养时间相对长，但贵在忠诚。我们可以两条腿走路，确定好两方面的权重，以此分配资源。

第二，重新制订工作计划，适当调整业务部门的业绩目标。随着疫情被逐渐控制，市场也会逐渐回暖。我们可以为业务部门制定递增式业绩目标，并根据市场情况，对指标作出优化。

第三，调整绩效考核的指标设定维度，尝试实行价值考核而非单纯的业绩考核，考虑员工的成长价值。

第四，加强培训精度，优化培训课程，同时开发以工代训项目，让员工在实践中成长。培训需要业务部门全力配合，同时人力资源部门也会给予支持。

第五，优化薪酬管理中的激励部分，针对现状制订适宜的短期激励计划，提高员工的工作积极性。

第六，加强文化建设，关心员工心理，控制人员流失。

第七，针对高素质人才招聘，设计符合实际、具有优势的薪酬体系，以此吸引高素质人才。

总经理认为方案可行，于是让李奇和王超针对这个方案探讨实际操作问题，并制定出具体章程。

在上述案例中，王超将业绩完不成的原因归到了人力资源部门头上，提出其招聘的员工都是新手，培训耗费大量精力和时间，导致业绩难以提升。而李奇通过提出可行性方案化解了这场危机。

事实上，当业绩没有完成时，许多公司的业务部门都会把责任推到HR身上，指责其招聘不给力，培训太耗费精力和时间等，但这种判断往往是片面的甚至是错误的。

以人效指标为例，当业务部门没有完成人效指标时，必须对具体的情况进行细致分析。尤其要和上年同期对比，分析人效指标没有完成的原因，并提出可行性解决方案。同时也要表明，为了提高人效，业务部门都进行过哪些努力，取得了什么效果。业务部门应把问题分析清楚，找到指标未达成的真正原因，而不是一味甩锅。

把锅甩给HR，业务部门不一定能站得住脚。将上年老员工的平均人效和当年的平均人效做对比，再进行新老员工占比分析，如果新员工占比很小，而今年的人效明显降低，则说明老员工的工作效率有所下降，这时业务部门就不能责怪HR招聘不给力了。

如果业务部门指责HR安排的培训太多，HR也可以指出培训的具体成效、员工业绩提升的证据等，以证明培训是有必要的。并且，整个培训过程都需要业务部门的参与和指导，如果培训之初业务经理没有异议，也曾肯定过培训评估的结果，那么年终总结时业务部门指责培训过多的说辞无疑就是甩锅行为。

第 2 章 从 HR 到 HRBP，架起与业务部门沟通的桥梁

以前的 HR 主要从事人事管理工作，如考勤、人员招聘、薪资发放和内部培训等。但现在这些工作不但价值有限，而且对绩效提升也没有太大帮助。企业的竞争是人才的竞争，人力资源能够成为企业的一种竞争优势，这就需要 HR 帮助企业创造价值。

近几年，许多企业都将 HR 转型为 HRBP。HRBP 需要加强和业务经理的联系，参与各种业务会议。这是基于业务合作伙伴的新型工作模式。HRBP 是业务部门和人力资源部门沟通的桥梁。HRBP 能够站在双方的立场上，设计出专业的 HR 方案，同时能够把方案转化为业务部门便于执行的方案，帮助业务部门更好地提升战斗力。

2.1 HRBP 是什么

相比于 HR，HRBP 能够站在业务部门角度，结合人力资源管理知识和业务理解制定出更科学的解决方案。HR 是通过人力资源模块系统，即"选、用、育、留"行使 HR 职能，保障组织正常运转，其以职能目标为出发点开展工作，解决的是最基础的底层问题。而 HRBP 能够根据不同的业务模式，设计有针对性的人力资源体系，以实现业务目标，其以业务目标为出发点开展工作，解决的是顶层问题。

2.1.1 人力资源三支柱模型

人力资源三支柱模型是美国密歇根大学罗斯商学院著名教授戴维·尤里奇（Dave Ulrich）提出的。他指出，HR部门应当像企业一样运营。在这个部门中，应有人负责客户管理与接口，有人负责专业技术与发展趋势管理，有人负责服务交付。这种运营模式目标明确，可以高效运作，提升客户满意度和人力资源部门的人员效率，进而提升组织能效。人力资源三支柱模型如图2-1所示。

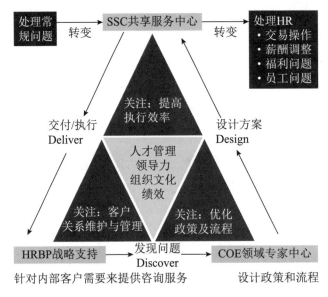

图2-1 人力资源三支柱模型

由图2-1可知，人力资源三支柱模型非常简单清晰。HRBP战略支持人员会针对内部客户需要发现问题。在此基础上，HRBP会主动联系COE（Centre of Excellence，领域专家中心）专家，专家会根据发现的问题建立并与时俱进地逐步优化政策和流程，做好顶层设计。方案设计好之后，由HRBP负责方案在具体部门、具体状况下的落地执行。而SSC（共享服务中心）主要处理HR工作过程中的交易操作、薪酬调整、福利问题以及员工问题等基础性工作。经过系统的循环，最终再由HRBP进行相关方案的落实与问题的解决。

当然，三支柱模型也在不断进化中，比如SSC模式从处理常规问题转变为处理交易操作与薪酬调整等问题,这样之前的常规问题就可以通过外包形式进行处理,这无疑是一种调整与优化。COE 关注的是大后台基础的稳定性,主要关心战略和财务目标是否能够促进行业和公司的不断发展。HRBP 关注的是客户关系,如何选择新骨干,以及新骨干员工的能效提升。

由此可见,人力资源三支柱模型更多的是采用一种业务导向型机制来发挥专家的作用,进行适合公司的政策与制度流程改革。换言之,HRBP 作为业务部门与人力资源部门的接口和 HR 的代表,能够针对不同部门的特定问题对政策与制度流程进行相应的反馈与申请,最终能够更高效地解决问题。

用一种形象化的方法来讲,互联网公司的 COE 更像是医药研发领域的专家。HRBP 更像是临床医生,主要进行制度与技术研发。SSC 更像是护士,会去处理日常管理中存在的种种问题。

2.1.2 HRBP 四角色模型

尤里奇曾提出一个十分有现实价值的问题:人力资源部应如何创造价值?基于此,他提出一个观点,人力资源部不应关注活动本身,不应关注做了什么,而应关注产出什么。在此基础上,尤里奇发展出 HRBP 四角色模型。这种模型的运营目标比较明确,可以高效运作,团队可以通过分工合作进一步提升客户满意度,人力资源部的效率也因此得到提升。在图形展现上,HRBP 四角色模型是一个四象限坐标,如图 2-2 所示。

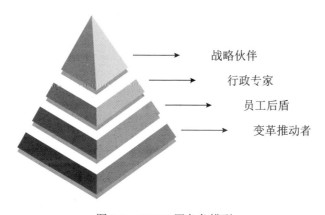

图 2-2　HRBP 四角色模型

1. 战略伙伴

HRBP 的第一个角色是战略伙伴。尤里奇说："我并不认为人力资源部门应该制定战略。制定战略是公司高层管理团队的责任，而人力资源主管只是这个团队的一员。然而，要想成为高管层的合格战略伙伴，人力资源主管应该推动和引导一些认真的讨论，大家共同研究公司应该采取什么样的组织形式来执行战略。"

同时，HRBP 作为战略伙伴，要通过以下 4 个步骤为这种讨论创造条件。

第一步，HRBP 要集中精力制定组织架构，引导大家共同讨论公司应该采取什么样的组织形式来执行战略。换言之，HRBP 要明确公司的基本运作模式。在制定组织架构过程中，HRBP 既可以采用杰伊·加尔布雷思（Jay Galbraith）的星形模型，也可以采用麦肯锡公司的 7S 框架模型。

杰伊·加尔布雷思的星形模型以 5 个关键的组织要素为核心，分别是战略、架构、奖励、流程以及人才。相较于星形模型，麦肯锡公司的 7S 框架模型则列出了 7 个要素，分别是战略（strategy）、组织架构（structure）、制度（systems）、员工（staff）、风格类型（style）、员工技能（skills）以及共同的价值观（shared values）。

关键是无论采取哪一种类型，HRBP 必须选择最适合公司的架构。如果架构缺乏明确性，各个部门也就无法看透公司的运行模式，不能深刻理解哪些因素能够推动战略执行，哪些会阻碍战略执行。HRBP 应该扮演一个建筑师的角色，主要任务是画出一幢已经建好的楼房的平面图。在具体执行过程中，HRBP 要进行平面图的测量、计算与检查。最后 HRBP 要提交一份详细的组织架构图，告知团队如何搭配组合才能够发挥最大作用。

第二步，HRBP 要承担组织审查的职责。引导管理层展开关于"匹配"问题的讨论——公司文化与战备目标相匹配吗？诸如此类。假如是否定的，那么 HRBP 就应带领大家讨论如何弥补缺陷。组织架构图必须能够帮助业务经理确定公司需要改进的地方，最终促进战略的执行。如果一家互联网公司的 HRBP 从薪酬、能力、工作流程、文化以及领导力这些角度来定义组织架构，那么人力资源部门就应该积极带领团队进行组织的审查工作，从而弥补其中的缺陷，最终提升团队的效率。

第三步，HRBP要为组织架构的变革提供有效方法。HRBP要带领大家提议和讨论一些最佳实践，如文化变革项目或者评估与奖励体系中的最佳实践。同样地，如果战略的执行要求公司必须采取基于团队的组织架构，那么HRBP就必须承担起责任，为团队找出这种组织架构的最佳路径。

第四步，HRBP必须把各项工作清楚地进行排序。特别是要按照轻重缓急排序；哪些任务是执行战略所必需的，哪些任务是刻不容缓的，而哪些任务可以暂搁一旁。简而言之，HRBP要明确哪些任务是与业绩真正密切相关的。无论何时HRBP都有一大堆事情要处理，但要使业绩效果最大化，HRBP必须与各部门经理密切展开合作，对每项任务的重要性与影响力作出系统评估。

2. 行政专家

HRBP的第二个角色是行政专家。HRBP作为行政专家，既需要延续制定规则和维护制度的传统形象，又需要确保公司的日常工作顺利开展。为了承担起这一角色的职责，HRBP必须提高自身和组织的整体工作效率。

HRBP的核心工作就是发现并改进工作流程，最终提高员工的工作效率。例如，有的公司自己设计了一套全自动的、灵活的福利管理系统，从而省却了员工的文书工作；而通过新技术筛选简历，则缩短了招聘周期，提高了招聘质量；还有很多公司打造了OA办公系统和内部通信工具，员工可以实时了解公司信息，顺畅地与高管直接交流。这些都是精简流程和采用新技术取得的成果，既提高了工作质量又降低了工作成本。

3. 员工后盾

HRBP的第三个角色是员工后盾。当前，公司对员工的工作要求越来越高。公司总是要求员工用最少的资源作出更多的贡献，同时许多公司会向员工许诺，但这些许诺往往都是空头支票，导致员工对公司越来越不信任。员工与公司的关系更像交易。在具体的工作过程中，员工的工作热情也因此受限，自主为公司作出贡献的概率就会进一步降低，最终会导致公司难以发展。

HRBP是员工后盾，有责任激发员工对公司的正向投入——让他们对公司有难以割舍的爱的情结，愿为之贡献力量。HRBP可以通过满足员工的社交需求来使员工拥有这种情结,通过野餐、夜跑、入职欢迎会、联合募捐等各种活动加强凝聚力。

同时,HRBP要成为员工的代言人,向员工提供职业发展机会,提供各种资源以帮助员工更好地发展。例如,HRBP可以向上级建议让员工拥有更多的工作计划控制权、让员工获得更多的培训支持等。

4. 变革推动者

HRBP的第四个角色是变革推动者。受全球化、技术创新等因素影响,外部市场的变化是十分迅速的,HRBP要帮助组织形成应对变革和利用变革的能力,变革项目包括建立高效能的团队、应用新技术等。HRBP要确保这些项目得到规划和实施。

同时,HRBP要确保公司的愿景宣言能够转化为具体行动,帮助员工搞清楚,为了实现长远目标,他们可以停止、开始,或继续从事哪些工作。

此外,HRBP需要帮助组织确定变革的成功要素,并就这些要素来评估组织的强项和弱项。整个过程可能会充满艰辛,但这正是HRBP最能发挥价值的地方之一。作为变革推动者,HRBP要确保变革在公司上下得到执行。

HRBP的三支柱模型和四角色模型并不是相互孤立的,而是相辅相成的,如图2-3所示。

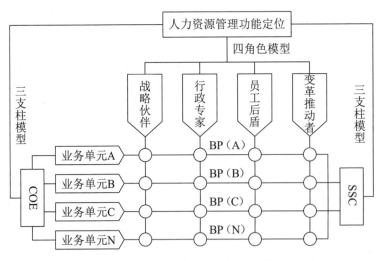

图2-3 HRBP的三支柱模型和四角色模型的相互关系

由图 2-3 可知，三支柱模型和四角色模型是一种互为补充的关系，两个模型构建了一个功能矩阵，包括纵向功能定位和横向功能定位，形成了一个完整的系统。四角色模型和三支柱模型同时发力能让人力资源管理功能成功升级。

2.2 从 HR 到 HRBP 的思维升级

从 HR 向 HRBP 转型的实践来看，很多 HRBP 并没有获得业务部门的认可。相反，更多情况下，这种转型变成 HR 一厢情愿的独角戏。原因就在于 HR 陷入了专业的深井，将重点放在了从技术上研究 HR 工作的转型，却忘记了转型的最终目的是要服务于公司的业务战略。HR 转型的核心在于思维模式，而不是技术手段。

2.2.1 管控思维向客户思维转变

木棉是一家服装公司的 HRBP，最近她感到十分困惑。虽然她十分积极主动地开展工作，工作能力也比较强，可是业务部门经理每次见了她都没有好脸色。

后来，在一次会议散场的时候，木棉叫住了业务部门经理，和他就这个问题进行了沟通。业务部门经理表示，木棉总是用公司的人力资源政策作"挡箭牌"，给业务部门一种"这不能做""那也不能做"的印象，并且每次和木棉沟通问题时，她也总会以"公司的要求"为由反驳业务部门经理的想法，根本不会站在业务部门的角度思考问题，只会用手中的权力管控他。虽然业务部门经理知道木棉工作十分认真努力，但是并不认可她的价值。

上述案例中的现象存在于很多企业中。为什么业务部门会"痛恨"HRBP？原因之一就在于 HRBP 没有改变思维方式，还是像传统 HR 一样通过管控思维开展工作。在管控思维下，HRBP 的工作就是制定好目标，组织资源，用领导来牵引，用控制来纠偏。在管理工作中，HRBP 关注的是职能模块的目标有没有完成，这关系到企业能否实现最终绩效目标。同时，各模块间往往是独立运作的，强调合规性和低成本，所以 HRBP 会控制人力预算、压缩培训成本、扣除绩效工资、降低加薪幅度等。这种管控会招致业务部门的"痛恨"。

而要改变这种局面，HRBP 必须意识到人力资源部门和业务部门所面临的压力都是来源于客户。换言之，HRBP 要和业务部门并肩作战，一起为客户创造价值。

客户重视服务品质，HRBP 就围绕"品质"开展人才的"选、育、用、留"工作；客户关心性价比，HRBP 就以成本降低和性能提升为目的进行考核牵引；客户注重体验感，HR 就围绕场景打造和服务流程优化开展工作。在这种逻辑下，HRBP 能够更好地为业务部门服务，帮助业务部门实现目标。

在工作中，HRBP 要从管控思维向客户思维转变。客户思维是一种积极主动地为客户提供卓越服务的思维，其内容主要包括以下3个方面，如图2-4所示。

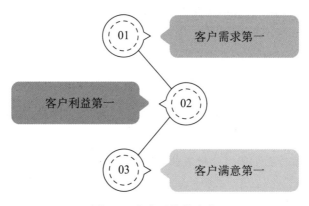

图 2-4　客户思维的内容

1. 客户需求第一

客户需求第一要求 HRBP 从客户需求角度考虑问题、开展工作，不做无用功。当现在的工作难以满足客户需求时，HRBP 就需要调整当前的工作方式、人力和其他资源分配。同时，HRBP 也要注意不要做超出客户理解范围和承受能力的事情。

2. 客户利益第一

HRBP 要设身处地为客户考虑，关注客户利益。客户利益表现在多个方面，HRBP 要抓住客户的主要利益，以满足客户的主要利益为目的开展工作。同时，HRBP 也要用客户思维审视自己的工作，确保自己的工作没有偏离轨道。

3. 客户满意第一

在客户满意第一思想的指导下，HRBP 需要为客户提供便利，根据客户反馈改进工作。同时，HRBP 要不断提高自己的服务水平，提高客户的满意度。

只有实现从管控思维向客户思维转变，HRBP 才能够从客户需求出发统筹业务部门的工作，为业务部门提供更科学的指导。同时，在服务客户的共同理念下，HRBP 和业务部门的关系也会更加融洽，实现更好的沟通。

2.2.2 运营思维向经营思维转变

传统 HR 在工作时往往以运营思维安排工作，即针对某一问题，更关注解决问题的过程而忽略结果，强调的是"做了什么"。

例如，当老板提出要提高战略管理能力时，HR 往往会根据战略管理理论，制定发展规划，但这个规划只是停留在宏观层面，难以落地实施。当 HR 认为要加强员工考勤管理，推行刷卡打卡时，可能会出现员工代人打卡的现象，即使换成人脸识别考勤机，考勤问题得到了解决，员工的工作效率依然没有提高。

也有一些 HR 喜欢研究各种管理模型，并制定很多规章制度，管理体系是搭建起来了，但却实现不了理想的管理效果。或者一些 HR 看到华为、阿里巴巴推行事业部组织架构效果不错，于是也把组织架构从职能型调整成事业部，并设置事业部经理，但这些事业部经理总是以生产制造为导向，更关心产能问题和产品质量问题，而不关心客户意见和市场行情。即使进行变革，公司业绩也没有发生变化，事业部的本质还是生产中心。这样的变革显然是无效的。

以上案例在各公司中十分常见，很多 HR 都以加强管理为名义，尝试各类管理方法，但这些管理方法往往除了造成时间和资源的浪费外，并没有起到什么作用。

而要想成为一名合格的 HRBP，就要摒弃运营思维，建立起经营思维。经营思维要求 HRBP 把自己的一切工作聚焦到客户、产品上，聚焦到经营上，思考企业如何能够更好地向前发展。

管理行为作为一种成本，是客观存在的。成本一定会产生，但是一定要合理。所以，HRBP 要以削减成本为目的思考管理的必要性，以经营导向为核心判断管理工作的初衷。在决策之前，HRBP 可以思考以下问题。

（1）这个管理要求有必要设置吗？
（2）这项管理工作会带来什么效益？
（3）这项管理制度有什么制定的必要？是不是可以废除？
（4）这个管理行为会提升绩效吗？会对经营结果有帮助吗？
（5）这个管理行为符合客户需求吗？能够给客户带来价值吗？

通过思考以上问题，HRBP 会更关注如何将管理成本转化为经营效益，进而实现管理和经营的融合，即以经营思维思考管理行为，通过恰当的管理行为实现更好的经营。

以经营思维分析战略，战略不能停留在规划层面，必须落地到经营计划中。经营计划应包括产品开发计划、销售计划、人力资源计划等。

以经营思维分析考勤，HRBP 不能以员工的工作时间长短评价其敬业程度，要实行目标管理，允许员工弹性工作。只要员工能够保证并提高业绩，其他细节可以不苛求。

以经营思维分析人力资源管理，人力资源管理需要以业务为导向，HRBP 要成为业务部门的伙伴，帮助员工成长，关注管理制度的落地问题，为业务部门提供切实的帮助。

以经营思维分析组织变革，事业部变革的成功因素在于培养事业部经理的经营思维，让他们实现思维和能力的转变，让他们的目光由公司内部转向客户、市场，并让他们对经营目标负责。

运营思维关注的是标准化和合规性，以过程为导向，强调"我做了什么"；经营思维关注的则是个性化和突破性，以成果为导向，强调"做的效果"。

只有转变思维，HRBP才能够站在业务的角度上，提供更合适的人力资源解决方案。

2.2.3 被动响应向主动出击转变

某企业为了提升人力资源管理效率，按照"三支柱"模式重组人力资源架构，成立了HRBP队伍，但是运作一段时间之后，发现结果并不理想。企业管理者询问业务部门经理对HRBP的看法，得到的答案是："业务部门说什么他们就做什么，和行政人员差不多。"

许多企业中都存在同样的问题，虽然企业组建了HRBP团队，或者在各业务部门都安排了懂业务的HRBP，但并没有取得理想的效果。原因就在于很多HRBP并没有及时对企业进行业务诊断，不清楚业务部门存在的问题，总是在业务部门出现问题，业务部门经理提出要求时，才去解决问题。这种被动响应的行为自然难以取得理想的效果。

HRBP需要时刻关注业务部门的动态，当发现业务部门出现员工流失率高、业绩提升困难等问题时，要及时提出解决方案。

陈星是某销售公司的HRBP，他注意到销售部门最近一段时间业绩低迷，员工流失较多。针对这些问题，陈星进行了调查。原来，受当前市场行情影响，销售工作开展得比较吃力，同时部门也缺乏有效的激励手段，员工的工作积极性受挫，甚至选择辞职离开。

了解了这一情况后，陈星对销售部门的薪酬体系进行了重新设计。以往销售部门的薪酬体系为"底薪+提成"模式，即销售人员的薪酬由两部分组成，一部分是按月发放的底薪，另一部分是根据销量确定的提成。在这种薪酬模式下，销售人员业绩越好，提成越高。但由于市场行情的阻力，销量难以提升，销售人员的工作积极性大幅下滑。

为了加大薪酬体系的激励力度，陈星将销售人员的薪酬变为"底薪+提成+奖金"模式，即除了有按月发放的底薪、根据销量确定的提成外，完成当月销售目标的销售人员还可以获得一定的奖金。这种薪酬模式比此前的薪酬模式更能起到激励作用，调动销售人员的工作积极性。

除了调整销售人员的薪酬模式外，陈星还设置了单项奖以激发其工作积极性，主要有以下几种。

（1）销售冠军奖：奖励每月的销售冠军，奖金为1000元。

（2）最佳进步奖：奖励当月业绩比上月业绩增长最多者，奖金为500元。

（3）最佳创意奖：奖励当月个人建议最佳者，按建议创造的利益多少奖励100～1000元不等。

这一系列调整使得销售部门士气大增，不仅提高了销售人员的工作积极性，也降低了员工流失率。

HRBP必须意识到，出击是最好的防守，工作的思维也要从被动响应向主动出击转变。HRBP需要主动参与业务，主动发现问题，并及时提出解决方案。只有这样，HRBP才能更好地发挥自己的价值。

同时，业务部门的工作往往十分忙碌，很多工作，如对业务模式的思考、业务风险规避等时常被忽略，这时如果HRBP也不主动推进业务部门的管理工作，那么当风险来临时，业务部门可能会遭受重击。从这个角度来看，"主动出击"不仅是一种思维模式，也是HRBP的责任和担当。

2.3　从HR到HRBP的能力突破

HRBP作为业务部门的合作伙伴，需要立足于业务部门的需求，切实帮助业务部门解决问题。HRBP需要运用不同的方法，帮助业务部门制定业务战略；需要帮助业务部门进行战略分解、沟通和落地实施；需要及时发现并解决业务部门运作过程中出现的问题。那么，作为一个优秀的合作伙伴，HRBP具体需要具备哪些能力呢？

2.3.1　人际链接能力

HRBP作为人力资源部门和业务部门沟通的桥梁，必须具有较强的人际链接能力。这种能力能够使 HRBP 和业务部门之间迅速建立信任，有助于目标工作的达成。

HRBP 应该能够用明确的方式，直截了当地陈述自己的观点，并且努力理解他人的意见，通过积极、有效的交流，更快、更好地与他人达成一致意见。人际链接能力主要包括以下 4 个方面，如图 2-5 所示。

图 2-5　人际链接能力的内容

1. 沟通能力

HRBP 需要有较强的沟通能力，既能够准确、清晰地表达出自己的观点，也能够通过分析对方的话语了解对方的需求，并通过恰当的沟通和对方达成一致意见。

在沟通过程中，HRBP 需要注意以下要点。

（1）站在对方的立场上理解对方，分析问题时也要考虑到对方的需求，以此提出更合理的建议。

（2）态度比内容更重要，即使与对方意见不同，也要注意讲话态度，理智沟通。

（3）沟通是为了解决问题，而不是为了说服对方。

（4）不要有先入为主的观念，客观地分析对方所说的内容。

（5）相互尊重，每个人都有说"不"的权利。

（6）建立双赢的观念，沟通是一个相互妥协的过程，而不是一味地压制对方。

2. 观察能力

HRBP需要有较强的观察能力，在沟通过程中观察对方的各种变化，从对方的语气、表情、动作中捕捉细微的信息。同时，HRBP还要理解不同的语气、表情、动作所代表的含义，以此更准确地分析对方的态度和反应。

3. 分析整合能力

分析整合能力主要指的是信息整合能力。当HRBP与业务部门、人力资源部门、企业管理者等多方进行沟通时，要将各方表达的信息进行筛选整合、综合分析，并据此作出科学决策。

4. 获取信任的能力

HRBP获取信任的能力表现在与业务部门沟通的方方面面。例如，HRBP根据对业务的理解和业务部门的需求制定出了切实的解决方案，帮助业务部门解决了问题；在工作中勇于承担自己的责任，并坚持履行自己的承诺；在沟通中做到坦诚等。

HRBP可以通过以上几个方面的努力提升自己的人际链接能力。只有具备较强的人际链接能力，HRBP才能获得业务部门的信任和配合，进而提升工作效率。

2.3.2 业务理解能力

业务理解能力是HRBP需要具备的关键能力之一，即HRBP需要懂业务，并根据业务需求制定相应的解决方案。

怎样才算懂业务呢？HRBP需要参与业务规划与经营，牢记业务部门的工作目标，洞察市场和客户需求变化。HRBP需要做好以下几个方面的工作。

（1）参与业务会议和活动。

（2）了解市场环境，包括经济政策、法律法规、技术趋势、客户需求等。

（3）了解组织架构和组织架构设置的原因，随业务变化调整组织架构。

（4）了解关键岗位对业务产生的影响。

同时，HRBP 也可以通过思考以下几个问题来判断自己的业务理解能力。

（1）业务目标是什么？怎样才能更快更好地完成业务目标？

（2）业务流程是什么？当前的组织架构是否能支撑流程的运行和目标的发展？

（3）业务部门的绩效如何？是否需要制订绩效改进计划？

（4）业务部门的需求是什么？如何根据这一需求进行人才结构调整？

（5）是否能够看懂现金流量表、资产负债表、利润表？是否有充足的数据进行人才结构调整和薪酬绩效方案调整？

同时，业务理解能力不仅表现为是否懂业务，更表现为 HRBP 是否拥有翻译能力。懂业务不是目的，而是前提，HRBP 需要把业务需求翻译成自己的工作内容。

例如，当业务部门经理说"这是未来技术的新方向"时，意味着 HRBP 对于技术人员的招聘要有新要求，同时对于技术人员的培训也要有新侧重点；当业务部门经理说"我们的竞争对手不仅存在于传统行业"时，意味着 HRBP 在做薪酬分析时，需要搜集更多竞争对手的薪酬数据，提升公司薪酬的竞争力；当业务部门经理说"我们需要控制成本，提升盈利能力"时，意味着 HRBP 需要通过财务数据分析，进行人力成本的调整。

HRBP 能够听懂业务语言，但并不一定能够理解业务语言背后体现的业务需求，因此这种翻译能力是 HRBP 需要建立的。

完成业务语言的翻译之后，HRBP 就需要根据业务需求开展工作了。即通过招聘、薪酬管理、人才培养等手段，提供一个合适的解决方案。但是，有了解决方案并不意味着其能够顺利实施，这时又需要 HRBP 进行业务理解了。

提出一个解决方案并不是一件困难的事，但很多解决方案是孤立的、游离于业务之外的，难以落地实施。因此，HRBP 需要将解决方案的实施流程嵌入业务流程，让这两种流程有机地结合在一起。

HRBP需要懂业务，需要通过对业务的深度理解翻译出业务需求，同时把自己的工作嵌入业务流程，以便有效解决业务问题。HRBP只有做到这些，才能够体现业务理解能力的价值。

2.3.3　HR专业能力

作为业务部门出色的合作伙伴，HRBP同样需要具备HR专业能力，这是HRBP开展工作的基础。

HRBP需要掌握并运用人力资源专业知识，结合业务部门的需求，提供人力资源方案支持；需要不断学习，夯实专业理论基础，在工作中不断实践和思考，提升专业度；需要关注专业领域的动态，了解最前沿的专业知识，以此支持业务部门发展。

总体来说，HRBP需要具有系统的专业知识及专业能力，并将其与业务相融合，在企业管理中发挥战略支撑功能。HRBP需要具备的专业能力并不是处理事务性工作的专业能力，而是基于战略的专业能力。

基于战略的专业能力是指，HRBP需要在思维方式、工作方法等方面，跳出人力资源管理的圈子，从全局出发提出解决方案。这与传统HR的专业能力有什么差异？前者往往与选育用留、协调关系、薪酬管理等相关；后者则立足全局，以战略眼光为起点参与企业管理。

具体而言，HRBP的这种基于战略的专业能力可以分为以下3个方面，如图2-6所示。

图2-6　基于战略的专业能力

1. 满足人才需求的能力

一方面，HRBP 需要满足企业的人才需求，尤其是企业对于核心人才的需求。满足业务部门的岗位需求只是人才供应的基础，HRBP 需要深刻理解企业的发展战略和规划，并据此制订相应的人才计划，按照战略目标实施进程进行人才配置。如果发现了符合企业需要的人才，HRBP 就需要把他们安排在合适的岗位上，并制订合适的人才培养计划，推动其成长为企业的骨干力量，使其发挥出更大的作用。这就是 HRBP 为企业创造价值的体现。

另一方面，HRBP 需要分析人力资源现状，制定合适的激励制度。HRBP 需要时刻关注人力资源现状，并与竞争对手进行对比，分析企业的优势和劣势，制定合理的激励制度，对员工进行有效管理和培养，提高员工的工作积极性，增强员工的归属感和忠诚度。

2. 推动企业变革的能力

企业存在不同的发展阶段，各发展阶段的组织架构不同。当企业进行整顿、发展战略需要调整的时候，HRBP 能做些什么呢？虽然 HRBP 不能直接制定战略，但需要具备大局观，系统性地开展以下工作，间接促进战略的执行。

第一，在制定和执行战略的过程中，往往存在诸多分歧，HRBP 需要促进员工、业务部门经理、企业管理者等各方的沟通和交流，实现各方意见的一致性；第二，HRBP 需要建立更高效的管理体系，包括薪酬管理、绩效管理、培训管理、职业生涯设计、工作流程设计等；第三，HRBP 需要做好岗位动态管理，开展岗位梳理与分析工作，明确不同岗位的价值和工作职责。

3. 引导企业文化的能力

企业文化对于企业发展而言是十分重要的，企业文化能够通过影响员工的思想和行为来增强员工的责任感和凝聚力。HRBP 应具备不断提炼、升华企业文化的能力，并积极宣传企业文化。

总之，时代在发展，HRBP 应与时俱进，跳出圈子，建立全局观，提升自己基于战略的专业能力。

2.3.4　问题解决能力

问题解决能力即 HRBP 的方案交付能力。HRBP 需要针对具体问题，提出切实可行的人力资源解决方案。有的 HRBP 针对业务部门的问题也提出了解决方案，但实施效果并不好，原因就在于 HRBP 并没有正确认识到业务部门的问题，或者没有针对现实问题提出有效的解决方案。

很多时候，HRBP 没有对业务部门的问题进行深入分析，其提出的解决方案也只能解决表面问题。例如，发现业务部门的员工流失率较高，就加强招聘力度，增加员工供应量。这在表面上看是满足了业务部门对人员的需求，但事实上并未有效降低业务部门的员工流失率。HRBP 没有深入分析高流失率背后的原因。

即使是认识到了业务部门存在的问题，HRBP 也未必能够提出有效的解决方案，原因就在于一些 HRBP 在制定解决方案时过于依赖以往的经验。当出现以往出现过的问题时，马上制定出一个与以往解决方案相差无几的方案，如果这个方案不奏效，HRBP 或许还会疑惑："之前这样做就能够解决问题，为什么这次却失效了？"

事实上，HRBP 需要以发展的眼光看未来。在分析问题时，HRBP 需要明确这一问题与以往问题的不同之处，并根据这一问题制定出具有针对性的解决方案，而不是沉迷于过去的经验。

总之，在提出解决方案之前，HRBP 首先需要正确认识问题，清楚地了解业务部门的问题所在。

同时，在提出人力资源解决方案过程中，HRBP 需要遵循以下步骤，如图 2-7 所示。

1. 了解业务部门的需求

HRBP 需要了解业务部门的需求是什么，分析这种需求背后反映了业务部门的哪些痛点，以此确定需要解决的核心问题。

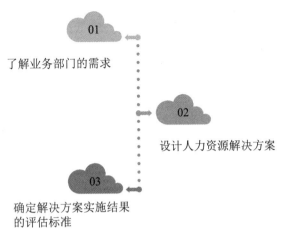

图 2-7　提出人力资源解决方案的步骤

2. 设计人力资源解决方案

在设计人力资源解决方案时,HRBP 需要思考怎样才能有效地解决问题,同时也要考虑方案的实施问题,考虑实际的业务场景。好的方案一定是能够融入业务场景的。

3. 确定解决方案实施结果的评估标准

在设计好人力资源解决方案之后,HRBP 也需要确定方案实施结果的评估标准。确定了评估标准,HRBP 才能够根据这一标准评估方案实施结果,明确方案是否有效。

总之,问题解决能力是 HRBP 的关键能力,HRBP 必须着眼于业务部门的需求和实际问题,提出切实可行的人力资源解决方案。

第二篇

业务能力

第 3 章
HRBP 如何才算懂业务

什么样的 HRBP 才是懂业务的 HRBP？HRBP 需要明确业务部门的工作目标，了解业务部门的产品、业务重点和业务开展过程中存在的问题，并提出有效的解决方案。

为此，HRBP 需要熟悉业务语言，与业务部门经理进行良好沟通；需要明确业务流程，形成完整的逻辑链；需要追踪业务进程，明确业务的阶段性进展。HRBP 只有掌握了必要的业务知识，才能够为之后的业务诊断打下基础。

3.1 熟悉业务语言

人力资源工作的开展离不开业务能力的支撑。特定的业务语言是 HRBP 与业务部门对话的基础，也是 HRBP 了解业务现状的基础。如果 HRBP 不懂业务语言，就谈不上以业务为核心开展工作，也背离了业务伙伴的定位，因此 HRBP 有必要熟悉业务语言。

业务语言包括 3 个维度，分别是基础业务语言、特定行业语言、团队个性语言。同时，HRBP 需要在熟悉业务语言的基础上构建业务语言学习体系，进一步提升自己的业务能力。

3.1.1 基础业务语言

不同的行业有不同的商业模式,但其背后追求的本质是相似的,即降低成本、提高效益、提升盈利能力。而基础业务语言就是围绕商业本质产生的语言。基础的财务知识、不同类型组织架构的特点、市场环境的分析方法等这些通用的业务语言,是 HRBP 应对不同业务形态所必备的。

以财务知识为例,一些 HRBP 不懂财务知识,这导致其在业务部门没有太大的话语权。因为如果 HRBP 不懂财务知识,就不懂企业的盈利方式和业务模式,这样的 HRBP 也很难被业务部门所信赖。

HRBP 怎样才能懂业务?一些 HRBP 通过参加业务会议、和业务部门沟通等方式了解业务,这当然是正确的途径,但是通过这样的方式获得的业务信息是抽象的、表面的。在获取业务信息之前,HRBP 需要厘清与业务有关的数据脉络,掌握业务表象背后的逻辑。因此,HRBP 需要掌握必要的财务知识,通过财务数据来了解业务。

财务涉及核心的 3 张报表,即利润表、资产负债表、现金流量表。企业的所有业务和经营活动都反映在这 3 张报表中。

其中,利润表如表 3-1 所示。

表 3-1 利润表

项 目	行 次	上年金额	本年金额
一、营业收入	1		
减:营业成本	2		
营业税金及附加	3		
销售费用	4		
管理费用	5		
财务费用(收益以"-"号填列)	6		
资产减值损失	7		
加:公允价值变动净收益(净损失以"-"号填列)	8		
投资净收益(净损失以"-"号填列)	9		
二、营业利润(亏损以"-"号填列)	10		
加:营业外收入	11		

续表

项　目	行次	上年金额	本年金额
减：营业外支出	12		
其中：非流动资产处置净损失（净收益以"-"号填列）	13		
三、利润总额（亏损总额以"-"号填列）	14		
减：所得税	15		
四、净利润（净亏损以"-"号填列）	16		
五、每股收益	17		
（一）基本每股收益	18		
（二）稀释每股收益	19		

通过分析利润表，HRBP可以了解企业在一定时期内的营业成本、营业收入、经营费用及税务费用，掌握企业的经营业绩。企业的经营业绩和业务部门的业绩密切相关，当企业的经营业绩下滑时，HRBP就需要根据业务部门的现状思考降低经营成本、提高效益的解决方案。

资产负债表如表3-2所示。

表3-2　资产负债表

资　产	行次	年初数	期末数	负债及所有者权益	行次	年初数	期末数
流动资产：				流动负债：			
货币资金	1			短期借款	33		
短期投资	2			应付票据	34		
应收票据	3			应付账款	35		
应收股利	4			预收账款	36		
应收利息	5			应付工资	37		
应收账款	6			应付福利费	38		
其他应收款	7			应付股利	39		
预付账款	8			应缴税金	40		
应收补贴款	9			其他应交款	41		
存货	10			其他应付款	42		
待摊费用	11			预提费用	43		
一年内到期的长期债券投资	12			预计负债	44		
其他流动资产	13			一年内到期的长期负债	45		

续表

资产	行次	年初数	期末数	负债及所有者权益	行次	年初数	期末数
流动资产合计	14			其他流动负债	46		
长期投资：							
长期股权投资	15			流动负债合计	47		
长期债权投资	16			长期负债	48		
长期投资合计	17			长期借款	49		
固定资产：				应付债券	50		
固定资产原价	18			长期应付款	51		
减：累计折旧	19			专项应付款	52		
固定资产净值	20			其他长期负债	53		
减：固定资产减值准备	21			长期负债合计	54		
固定资产净额	22			递延税项：			
工程物资	23			递延税款贷项	55		
在建工程	24			负债合计	56		
固定资产清理	25						
固定资产合计	26			所有者权益（或股东权益）：			
无形资产及其他资产：				实收资本（或股本）	57		
无形资产	27			减：已归还投资	58		
长期待摊费用	28			实收资本（或股本）净额	59		
其他长期资产	29			资本公积	60		
无形资产及其他资产合计	30			盈余公积	61		
				其中：法定公益金	62		
递延税项：				未分配利润	63		
递延税款借项	31			所有者权益（或股东权益）合计	64		
资产总计	32			负债及所有者权益（或股东权益）总计	65		

资产负债表体现了资金结构，反映了企业的经营风险，但恰当的举债也会产生杠杆效应，推动企业快速发展，这时 HRBP 要应势而动，加快人才梯队建设。

现金流量表如表 3-3 所示。

表 3-3 现金流量表

项　　目	行　次	金　　额
一、经营活动产生的现金流量：		
销售商品、提供劳务收到的现金	1	
收到的税费返还	2	
收到的其他与经营活动有关的现金	3	
现金流入小计	4	
购买商品接受劳务支付的现金	5	
支付给职工以及为职工支付的现金	6	
支付的各项税费	7	
支付的其他与经营活动有关的现金	8	
现金流出小计	9	
经营活动产生的现金流量净额	10	
二、投资活动产生的现金流量：		
收回投资所收到的现金	11	
取得投资收益所收到的现金	12	
处置固定资产、无形资产和其他长期资产所收回的现金净额	13	
收到的其他与投资活动有关的现金	14	
现金流入小计	15	
购建固定资产、无形资产和其他长期资产所支付的现金	16	
投资所支付的现金	17	
支付的其他与投资活动有关的现金	18	
现金流出小计	19	
投资活动产生的现金流量净额	20	
三、筹资活动产生的现金流量：		
吸收投资所收到的现金	21	
取得借款所收到的现金	22	
收到的其他与筹资活动有关的现金	23	
现金流入小计	24	
偿还债务所支付的现金	25	
分配股利、利润和偿付利息所支付的现金	26	
支付的其他与筹资活动有关的现金	27	
现金流出小计	28	
筹资活动产生的现金流量净额	29	

续表

项　　目	行　次	金　额
四、汇率变动对现金的影响	30	—
五、现金及现金等价物净增加额	31	—
补充资料		
1.将净利润调节为经营活动现金流量：		
净利润	32	
加：计提的资产减值准备	33	
固定资产折旧	34	
无形资产摊销	35	
长期待摊费用摊销	36	
待摊费用减少（减：增加）	37	
预提费用增加（减：减少）	38	
处置固定资产、无形资产和其他长期资产的损失（减：收益）	39	
固定资产报废损失	40	
财务费用	41	
投资损失（减：收益）	42	
递延税款贷项（减：借项）	43	
存货的减少（减：增加）	44	
经营性应收项目的减少（减：增加）	45	
经营性应付项目的增加（减：减少）	46	
其他	47	
经营活动产生的现金流量净额	48	
2.不涉及现金收支的投资和筹资活动：		
债务转为资本	49	
一年内到期的可转换公司债券	50	
融资租入固定资产	51	
3.现金及现金等价物净增加情况：		
现金的期末余额	52	
减：现金的期初余额	53	
加：现金等价物的期末余额	54	
减：现金等价物的期初余额	55	
现金及现金等价物净增加额	56	

现金流量表体现了一段时间内企业现金的流向，HRBP 的每一笔投入与产出都可以在这里找到印证。了解企业的现金流情况，HRBP 可以进行更科学的人力资源预算管理，如为业务部门制订更科学的绩效激励计划。

HRBP 至少需要了解财务中的这 3 个报表，并对其进行科学分析。只有看懂数据，HRBP 才能够在业务战略中拥有发言权。这也是 HRBP 和业务部门沟通的基础。

3.1.2　特定行业语言

周放是某建筑公司刚刚入职的 HRBP，被人力资源部门经理指派到公司的工程技术部门协助部门经理开展工作。这天，部门经理与周放沟通，邀请他参加本部门的业务会议。该业务会议是工程技术部门的例行会议，分为周例会和月例会，周例会主要解决业务进度问题，月例会主要进行重要业务的方案决策。部门经理此次邀请周放参加的就是周例会。

周放如期参加了周例会，发现自己几乎听不懂他们所说的业务语言，如高层与多层、占地面积和建筑面积、建筑密度等。周放的业务知识匮乏，导致其与部门经理沟通的层次很浅，往往聊几句就没有了下文。部门经理也感觉到周放缺乏业务知识，渐渐地不再和他讨论问题，这让周放在部门中备受冷落。

为了改变这一现状，周放决心学习业务语言。他找来了一些与建筑相关的材料，开始认真学习行业知识，还经常利用休息时间，在公司的报刊室中阅读专业杂志，了解行业动态，逐步积累专业知识。同时，他还不时地向部门经理请教专业知识，部门经理感觉到了周放的努力和进步，越来越愿意和他沟通了。

为了更好地学习专业知识，周放在参加业务部门的周例会和月例会时，遇到不懂的问题就会记下来，然后找机会向业务部门的同事请教。当知识障碍点被逐个清除之后，周放越来越能参与到业务会议中去了。

周放知道，要想为业务部门创造价值，就需要输出专业知识。于是他开始着眼于研究业务部门的组织架构、人才培养等问题，并利用人力资源专业知识提出解决方案，其中一些优秀方案得到了部门经理的认同。

如果基础业务语言是不同业态表象背后商业本质的总结，那么特定行业语言就是这些表象的表现形式。

同样是关注盈利能力，制造行业关注的是产品的品质、产量和价格，互联网平台则关注日活跃用户量、用户留存率及由此带来的流量红利。HRBP要根据所服务的业务部门，识别业务工作中的各项指标，并理解各项指标间的逻辑关系。因此，HRBP需要读懂特定行业的业务语言。

HRBP需要参加业务部门的业务会议，如早会、周例会、月例会和季度总结大会等，了解业务部门的工作进度和未来规划，以及业务部门对行业现状及发展前景的看法。同时，HRBP也需要查看各种业务报告，阅读业务部门的工作日志和相关专业书籍，浏览行业报告，培养自己的业务意识。对业务部门所在行业有了充分了解后，HRBP才能够更好地与业务部门进行沟通，从行业角度出发提出更具参考价值的意见和建议。

3.1.3　团队个性语言

孙奕是某公司的HRBP，因业务调动，他被派往一个新成立的业务部门。该部门只有十个人左右，且大部分为朝气蓬勃的"95后"。

进入部门的第一天，业务部门经理为他介绍了同事"段誉""虚竹""王语嫣"等。看到孙奕一脸诧异，部门经理解释说，为了营造积极向上、平等和谐的工作氛围，部门决定让大家取一个花名，又因为大家都很喜欢《天龙八部》这部作品，所以大家的花名都取自这部作品中的人物，比如自己的花名就叫"萧峰"。

为了快速融入团队，孙奕也给自己取了一个花名"慕容复"。在接下来的时间里，大家都用花名来彼此称呼，而规避了"经理""主管"等称呼，这大大消除了同事间的距离感，提高了沟通效率。

在刚刚进入新环境时，HRBP要逐渐习惯并运用一致的交流语言，快速融入团队。例如，有些团队在日常交流中，习惯用"花名"代替真名及职务，因为他们觉得这样的称呼更有活力。HRBP在部门中可能会经常听到"'段誉'刚给我打电话了""我刚才和'萧峰'沟通了一下"这样的话。在这样的环境中，如果HRBP还是以"王经理""赵主管"称呼他人，就会显得格格不入。

不同的行业和企业有不同的文化氛围。例如，在一个游戏公司中，大家可能会用"晴明""神乐"等花名称呼对方。而在一个少儿培训公司中，大家可能会用"可可""倩倩"等花名称呼对方。HRBP作为团队的一员，要理解这些特定的文化，明白这些个性化语言背后的意思，只有这样才能快速融入团队，为日后顺利开展工作奠定基础。

3.1.4　构建业务语言学习体系

业务语言学习是一件长久的事情，因此在掌握了必要的业务语言后，HRBP还需要构建业务语言学习体系，逐步加深对业务的理解。业务理解分为不同的层次，如图3-1所示，HRBP需要在不同阶段掌握不同的业务语言，逐步构建业务语言学习体系。

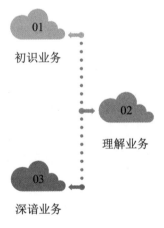

图3-1　业务理解的3个层次

1. 初识业务

HRBP初入业务部门，需要从宏观行业层面和微观业务层面学习业务语言，通过参加业务会议、阅读行业报告等，对企业所在行业及业务有一个总体了解，同时对所服务的业务部门有一个初步判断。

HRBP可以通过互联网查询、阅读行业报告等方式了解企业所在行业的基本特点，如业务特点、业务评价指标等。

以某O2O（Online To Offline，即线上到线下）到家服务企业为例，在进入业务部门时，HRBP需要从宏观层面了解以下内容。

（1）目前行业常见的商业模式：自营、品牌加盟、交易平台等。

（2）头部企业包括哪些：E城E家、58同城、宅E修等。

（3）业务范围包括什么：维修、安装、保养、保洁等。

（4）评价指标大致有哪些：日订单量、客单价、客户满意度等。

（5）从业人员特点：兼职者居多，技术能力有高有低，服务标准不统一等。

对以上信息进行整理汇总，HRBP可对整个行业的业务现状有一个整体印象。

HRBP可以通过观察、沟通等方式了解业务部门的行事风格及文化氛围，及时改变自身，快速融入团队。

2.理解业务

为了能够深入参与业务，HRBP需要丰富自己的业务语言。在这一阶段，HRBP要结合企业的实际情况，理解企业的业务、拥有的资源，掌握客户关系和业务流程图。

HRBP要通过业务策略和市场环境，对企业的业务进行评价；了解企业的组织架构和内部分工，画出业务流程图；根据客户的属性、存量、增量等维度，进行客户画像，并分析与客户交互的场景；最后聚焦企业资源，为推动业务升级与发展提出解决方案。

在理解业务阶段，通过澄清上述问题，HRBP要能够绘制出一个基于自身理解的业务模型图，如图3-2所示。

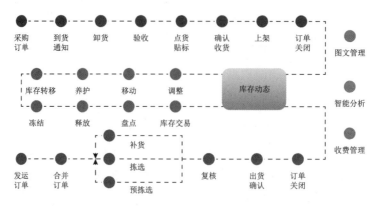

图 3-2　某物流部门的业务模型图

绘制业务模型图是十分有必要的，能够直观地展示出 HRBP 对业务的理解。即使 HRBP 对业务的理解并不完善，也要勇于展现，勇于面对别人对自己的挑剔。只有这样，HRBP 才能深入理解业务，并根据业务的发展情况不断更新业务知识。

3. 深谙业务

在理解业务的基础上，HRBP 要从全局出发，观察整个业务链条，思考企业的商业模式，做到深谙业务。HRBP 要具有财务数据分析能力，通过财务数据反观企业的业务策略、市场活动、管理行为的有效性和科学性。同时 HRBP 需要明确各流程节点的内在支撑关系，提炼企业的商业模式框架。企业的商业模式框架如图 3-3 所示。

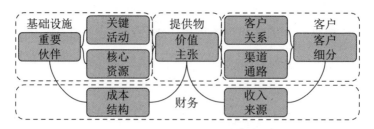

图 3-3　企业的商业模式框架

企业的商业模式框架包括基础设施、提供物、客户、财务等。商业模式描述了企业创造价值、传递价值、获得价值的基本原理。

在构建业务语言学习体系时，HRBP也需要学以致用，在实践中理解业务语言。

在初识业务阶段，HRBP需要分析业务情况，并从客户角度评价企业的产品或服务。在这一过程中，HRBP要收集各方面的业务动作，对标行业龙头的做法，思考这些做法背后的逻辑，以此提升对业务语言的理解。

在理解业务阶段，HRBP要通过业务需求的响应，与业务部门进行沟通和交流，逐步获得业务部门的信任，参与到业务流程中去。HRBP要敢于表达业务见解，敢于接受业务部门的意见和建议，通过不同视角的碰撞，更好地掌握业务语言，推动业务发展。

在深谙业务阶段，HRBP要打造业务咨询和指导专家的角色，通过与业务部门经理的深层次对话，对业务发展进行指导。同时，HRBP要从更高的视角分析企业的整体运营动作，关注企业的战略目标，引导业务部门健康有序发展。

业务语言的学习无疑是晦涩无趣的，HRBP要静心钻研，以实际业务问题为导向，加强业务语言学习，通过市场反馈，修正对业务语言的理解，最终做到深谙业务语言，为业务部门提供有效帮助，真正实现自己的价值。

3.2 明确业务流程

一些HRBP在熟悉了业务语言之后就迫不及待地开始了实践，但却没有取得预期效果。原因就在于这些HRBP只看到了表面现象，没有了解业务的实质。

要想了解业务的实质，提出更有效的解决方案，HRBP不仅要懂得业务语言，还要懂得业务运作过程，即业务流程。了解了业务流程，HRBP才能够通过某一问题追溯到更深层次的问题，摸到业务的"痛点"，进而根据根本问题"对症下药"。

3.2.1 HRBP应从哪些方面了解业务

HRBP应如何明确业务流程？在明确业务流程之前，HRBP需要对业务本身和业务部门有充分了解。HRBP需要了解的业务知识如图3-4所示。

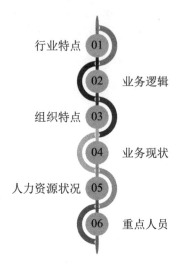

图 3-4 HRBP 需要了解的业务知识

1. 行业特点

分析行业特点的目的有两个，一是加深对企业所处行业的了解，建立全局观念；二是为业务部门的发展和竞争策略提供参考依据。

HRBP可以通过以下分析了解行业特点。

（1）行业现状梳理：分析行业的产业链、商业模式等。

（2）竞争格局判断：了解行业内的巨头企业和竞争格局。HRBP在锁定竞争对手之后，需要对竞争对手进行系统分析，包括分析对方的产品、财报、专利、口碑、招投标信息等。

（3）行业发展趋势：分析行业的发展前景、市场结构、用户规模等。

（4）行业人才地图：分析目标人才的规模、薪资水平、跳槽动机等，了解什么样的公司对他们而言才是有吸引力的，并了解他们对自身公司的评价。HRBP需要对这些内容进行系统收集、整合，得到一个明朗的人才地图。

在对行业特点进行梳理时，HRBP也需要思考以下问题。

（1）行业内的企业产出什么样的产品和服务？其上下游是什么？

（2）行业的平均利润率是多少？标杆企业有哪些？可以对标的企业有多少？

（3）影响行业发展的因素有哪些？标杆企业的优势和这些因素的关联性强不强？

（4）行业的发展过程是怎样的？目前公司处于发展、成长、成熟、衰退的哪一阶段？标杆企业是如何做的？

（5）标杆企业下一步的战略是什么？是怎么做的？公司应制定怎样的赶超策略？可行吗？

通过思考以上问题，HRBP可以从战略层面、行业层面了解业务，熟悉业务场景，为之后参与到业务中去打下基础。

2. 业务逻辑

业务逻辑是指一个业务单元为了向另一个业务单元提供服务，应具备的规则与流程。当业务部门经理和HRBP探讨业务应如何开展时，HRBP应从以下维度思考业务逻辑。

（1）客户是谁：从客户出发思考业务。

（2）价值计划：解决为什么客户要从企业这里而不是竞争对手那里购买产品的问题。

（3）价值提供：企业对客户承诺的具体的利益表现，如产品、信息、服务等。

（4）资产能力：企业在其核心业务领域创造竞争优势、配置资产的能力，具体表现为人员、设备、技术、渠道、品牌等。

（5）流程：业务的具体流程是什么？需要哪些资源？解决什么问题？

（6）合作伙伴：包括纵向和横向合作伙伴。纵向伙伴指为业务带来业绩的上下游合作伙伴；横向合作伙伴指可以帮助企业提高产品价值、维系客户关系的供应商。

（7）获利模式：企业要为客户创造价值，同时也要为自己创造价值，即以盈利的方式满足客户需求。

3. 组织特点

HRBP应从组织视角，解决企业内部各组织的持续发展问题。组织发展离不开对战略、业务、环境、人才的关注，HRBP需要分析环境变化，以战略为出发点，以组织视角吸引和发展人才，解决业务发展问题。

4. 业务现状

业务现状包括业务战略、目前的业务瓶颈、存在的机会和挑战等。要想将自己的工作和业务紧密结合起来，HRBP就需要对业务模式进行深入分析，了解业务是如何运作的。

HRBP要了解目标客户，确定他们的需求，明确业务如何盈利，凭借哪些核心资源实现盈利。

5. 人力资源状况

HRBP需要了解业务部门的人力资源状况，包括人力资源信息、人员结构、人才机遇和挑战、人才成长规律等。通过对上述内容的分析，HRBP可以确定员工的任职水平和人岗差距，发掘员工的潜能，并由此进行有针对性的调整和规划。

6. 重点人员

HRBP可以借助重点人员了解业务。重点人员主要分为3类。

（1）业务部门经理：只有得到了业务部门经理的支持，HRBP才能够更好地了解业务并开展工作。

（2）意见领袖：HRBP获得了影响力较大的员工的支持，才能够获得更多员工的支持。

（3）业务专家：业务部门能力突出、技术突出的高素质人才可以帮助HRBP快速了解业务，抓住业务关键点。

通过对以上6个方面的深入了解，HRBP能够对业务的内外部环境、业务部门的具体业务、工作流程、现状等有一个全面、具体的了解。在此基础上，HRBP能够更好地串联各方面的业务知识，了解业务运作的逻辑。

3.2.2 串联业务知识，形成完整的逻辑链

李斌是某公司的 HR，后经公司调整，人力资源部门建立了人力资源三支柱体系。经过一段时间的培训，李斌转型为 HRBP，被派往公司的设计部门。

虽然李斌在培训中学习了不少业务知识，但仍然感觉知识十分零散，没有形成完整的知识体系。在参加业务会议时，虽然李斌能够听懂大家的发言并罗列出业务要点，但难以将这些要点联系在一起。所以，每次和业务部门经理沟通时，他总是跟不上对方的思路，也难以和对方进行深入探讨。

一次，在李斌和业务部门经理沟通的过程中，业务部门经理在白板上画出了不同的业务模块，并用箭头"←"或"→"连接各模块进行说明。这种逻辑清晰的示意图让李斌快速理解了业务流程。

业务部门经理告诉李斌，在看待某一业务环节时，不能只将目光着眼于这一个环节，而要思考业务的上下环节甚至全部环节，同样在思考业务中的某一问题时，也不能只分析问题本身，而应一层层地向上追溯，找到问题的根源。思考业务问题的专业性就表现在能在头脑中把业务逻辑梳理通顺。

李斌深受启发，在之后参加会议或与业务部门经理进行沟通时，他都会在笔记本上记录下关键问题或关键环节，然后通过画图的方式进行追溯或延伸，以便厘清业务前后端的逻辑关系，形成端到端的业务逻辑链。

通过这个方法，李斌对业务内在逻辑有了更深入的了解，也能够通过追溯问题提出更有效的解决方案了。

业务流程是业务逻辑的具体化体现。在明确业务流程时，HRBP 需要串联业务知识，形成完整的逻辑链。

以某快消品企业的业务流程为例，该业务流程主要分为订货、配送、铺货、陈列、推广、账款等环节，如图 3-5 所示。

图 3-5 某快消企业的业务流程

在此基础上，HRBP还可以逐步向下拆解，细分业务流程，如图3-6所示。

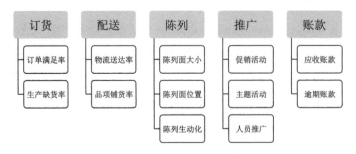

图 3-6　业务流程拆解

进行到这一步，HRBP就可以明确业务流程的全貌。当某一环节出现问题时，HRBP就可以根据业务流程分析产生问题的具体原因，也可以通过业务上游环节的优化解决问题。

3.3　追踪业务进程

在协助业务部门开展工作的过程中，一些HRBP只注重业务部门的工作结果，而忽视了对其工作过程的监督，导致业务部门的业绩并不理想。HRBP的价值不仅体现在针对某一问题提出具体的解决方案，还在于做好业务监督，追踪业务进程。为此，HRBP要做到对业务目标了然于胸，并明确业务部门的阶段性工作进展。

3.3.1　对业务目标了然于胸

王浩是某公司的HRBP，主要工作就是协助业务部门开展工作，为业务部门的工作提供指导。半年之后，王浩向人力资源部门经理蒋成述职，蒋成对王浩的工作并不太满意，他问了王浩两个问题："你知道你所在业务部门这半年的业务目标是多少吗？实际完成了多少？"

王浩回想了一下，给出了两个并不明确的数字。对此，蒋成并不满意："作为HRBP，你应该对业务部门的业务目标与实际完成情况了如指掌，不然怎么和业务部门进行沟通？怎么提出真正能够帮助业务部门解决问题的方案呢？"

王浩羞愧万分，他对业务数据的确关注不多，也很少根据业务数据分析业务问题，总是在业务部门经理提出问题后，他才去思考具体的解决方案。王浩向蒋成保证，自己以后一定会加强对业务数据的重视，把业务数据吃透。

蒋成说："你不仅要了解业务部门的业务目标、工作进度等短期数据，还要了解业务部门的中长期战略，然后思考自己应该如何根据战略和业务进展开展自己的工作。只有做好这些，你才能扮演好业务伙伴的角色。"

经过这番沟通，王浩对业务部门的业务数据提起了重视，同时养成了收集业务数据的习惯。每次业务部门公布业务数据，他都会在笔记本上做好记录，仔细分析这些业务数据背后的含义，然后将其与近几个月的业务数据进行对比分析，明确其中的变化，再和业务部门经理讨论产生这个变化的原因，并据此调整业务部门的下一步工作。

同时，王浩时刻牢记业务部门的业务目标，如果业务部门的工作发生变动，或者市场环境有了较大改变，他也会根据经营目标协助业务部门调整工作计划，或通过招聘、培训等方式为业务部门提供助力。

在王浩的努力下，下一个半年中，虽然公司面临不利的市场环境，他还是协助业务部门顺利完成了经营目标。他也因此受到蒋成的褒奖。

作为业务部门的合作伙伴，HRBP必须对业务部门的业务目标、工作计划、目前完成情况等有充分了解。只有对这些内容了然于胸，HRBP才能够更准确地发现业务运行过程中出现的问题，并提出有针对性的解决方案，体现自己的价值。

3.3.2 保持沟通，明确阶段性进展

在了解业务目标的同时，HRBP也需要和业务部门保持沟通，明确业务目标的阶段性进展。只有这样，HRBP才能够及时了解业务部门的工作现状及存在的问题，从而提出有针对性的解决方案。

HRBP 明确业务目标的阶段性进展的优势主要体现在科学指导与风险识别两个方面。

1. 科学指导

了解业务目标的阶段性进展后，HRBP 就能够据此对员工的工作进行科学指导。如果某个员工或某项具体任务的进度出现问题，HRBP 也可以及时了解情况、解决问题。通过对进度的追踪，HRBP 能够及时解决业务开展过程中的各种问题，避免问题扩大化。

2. 风险识别

明确业务目标的阶段性进展有助于 HRBP 进行风险识别。首先，通过对阶段性进展的了解，HRBP 能够科学预测业务目标能否如期完成，能够及时发现业务目标在时间方面的风险，从而尽快采取相应的措施。其次，当某项任务进度缓慢时，HRBP 能够及时发现业务目标达成过程中存在的问题，这些问题可能是人力资源短缺、资金短缺等原因导致的，对这些问题进行解决能够有效规避业务开展过程中的人力资源及资金方面的风险。

与业务部门保持沟通是 HRBP 明确业务目标的阶段性进展的前提条件，那么 HRBP 应如何做？HRBP 可以建立业务目标进度汇报制度，与业务部门保持密切沟通，以此明确业务目标的阶段性进展。

HRBP 首先要指定业务目标进度汇报工作的负责人，可以是业务部门的组长、主管等。确定好负责人后，HRBP 还需要制定一定的制度，引导各负责人按照制度开展业务目标进度汇报工作。

表 3-4 为一个业务目标进度汇报制度模板，HRBP 在制定业务目标进度汇报制度时，可参考此模板。

表 3-4 业务目标进度汇报制度

一、制定本制度目的 为了更好地对业务目标进行管理，及时准确地掌握业务进展情况，特制定本制度。 二、汇报类型 业务目标进度汇报包括周汇报和月汇报。各汇报工作负责人应在每周周五之前向 HRBP 提交书面周汇报，在每月 28 日之前向 HRBP 提交书面月汇报。

续表

三、汇报内容 1. 周汇报内容 （1）各负责人负责工作的进展情况。 （2）当前遇到的困难和可实施的解决方案。 （3）需要上级有关部门协调解决的问题。 （4）下周工作计划。 （5）其他有关事宜。 2. 月汇报内容 （1）进度管理。 （2）安全管理。 （3）质量管理。 （4）技术管理。 （5）成本管理。 （6）需要上级有关部门协调解决的问题。 四、汇报要求 （1）各负责人在进行业务目标进度汇报时，应对汇报内容的真实性、准确性负责，严禁弄虚作假。HRBP将不定期对各项工作的进展情况进行检查，如发现负责人存在弄虚作假行为，将视情节轻重对责任人进行处罚。 （2）项目进度汇报应及时，在规定时间范围内完成汇报工作，如不及时进行工作进度汇报，将视情节轻重对责任人进行处罚。 五、本《制度》从颁布之日起开始执行。

在制定业务目标汇报制度时，HRBP需要和业务部门经理做好沟通，并共同听取各负责人对其工作的汇报。在各负责人汇报完成后，HRBP需要对全部汇报内容进行汇总与分析，并召开会议将业务目标进度告知全体员工，使其明确工作进度。同时在会上，HRBP还需指出哪些工作在进度方面存在问题并提出解决方案。

此外，除了定期听取各负责人汇报外，HRBP还需要主动和各负责人沟通，了解员工的工作状态等，以此提出更具针对性的解决方案。

3.3.3 可视化管理，目标进度清晰可见

在追踪业务进程时，HRBP还可以通过可视化管理明确业务目标进度，而建立看板则是实现可视化管理的一个重要方式。对于HRBP来说，通过看板来管理业务目标进度，不仅可以清楚地掌握业务目标的整体完成情况，还

可以了解哪些员工的工作是落后的，进而对他们的工作进行有效指导。

可视化看板管理具有诸多优势，主要表现在以下几个方面。

1.传递信息，统一认识

业务部门的员工对业务目标可能有着自己的想法和见解，HRBP可以通过看板来引导员工形成统一认知，朝着共同的业务目标前进。

2.刊登业务文章，熟悉业务

HRBP可以在看板上刊登一些技术性文章，以促进员工业务技能的提高。特别是对新员工而言，当业务上有不懂的问题又找不到人帮忙时，看板上刊登的内容就可以帮助其熟悉业务知识，明确工作要求。

3.奖优罚劣，营造氛围

员工的业绩可以通过看板显示出来，能够起到激励作用。以业绩为衡量标准，可以让考核制度更公平、公正。看板既有效防止了考核过程中可能出现的认知偏差，又让员工体验到考核的公平性，从而积极参与竞争，让工作充满活力。

4.强势宣传和引导，形成意识

在看板上宣传优秀员工的业绩，或对表现极差的员工进行批评，都能强化员工的竞争意识，对员工起到引导作用。同时，看板上展现的业务部门在各个方面的改善情况，能让参与的员工获得成就感，还能让其他员工学到行之有效的方法与技巧。

5.明确状况，推进工作

看板上展示的工作数据、工作计划、工作进展等内容，能更好地让HRBP对业务流程进行判断、决定与跟进。而看板上公布的计划书也能时刻鞭策员工努力工作，强化员工的责任心。

在实现看板的可视化管理方面，HRBP应该做好以下三项工作。

首先，在建立看板的时候，HRBP要保证它可以最大限度地发挥可视化作用。为此，业务部门使用的看板应该包含以下内容：企业愿景、年度业务目标及其完成度、月度业务目标及其完成度、每周业务目标及其完成度、每周业绩、每月业绩等。如果HRBP想通过看板树立榜样，那么还可以设立周业绩之星、月业绩之星，并把他们的信息和业绩展示出来。

其次，HRBP要注意看板的合理布局，将最重要的信息放在最突出的位置。同时，部门需要展示的信息多种多样，要抓住其中的重要内容进行展示，避免遗漏。

最后，HRBP要及时更新看板，确保看板反馈出准确的业务目标进度。

通过建立看板，实现可视化管理，HRBP不仅可以随时追踪业务流程，还可以分析出影响业务流程的主要因素，据此提出有针对性的解决措施。同时，看板还可以让员工明确自己的业务目标进度、优势与不足等，便于其进行自我管理。

第 4 章
业务诊断：找到业务部门的痛点

业务能力是 HRBP 可以正常开展工作的关键能力，而 HRBP 必须具备的一项业务能力就是进行有效的业务诊断。HRBP 需要通过业务诊断发现业务部门的痛点，并提出相应的解决方案。具体而言，HRBP 需要做好商业模式规划、战略落地痛点和业务流程协同三方面的诊断。

4.1 诊断商业模式规划

商业模式是指企业提供的产品能为客户提供什么价值，在创造客户价值的同时，用什么样的方式获得商业价值。简单来说就是企业通过什么样的方式赚钱。商业模式与企业的经营效益密切相关，为推动企业更好地发展，HRBP 需要建立简单的业务逻辑图，对商业模式进行分析，评估商业模式的可行性。

4.1.1 绘制简单的业务逻辑图

业务逻辑图是用来描述业务流程的图，即通过一些特定的符号表示某项业务的实际处理步骤和过程，详细描述其走向。建立业务逻辑图是 HRBP 分析业务逻辑、进行业务诊断的前提。

分析业务逻辑，并将业务逻辑图表化可以使 HRBP 了解业务如何运转，钻研关键事件的逻辑，分析为什么要这么做，探索出更深层次的问题，从而对现有不合理的业务进行重组优化。

业务逻辑图的基本结构包括顺序结构、分支结构、循环结构，如图 4-1、图 4-2、图 4-3 所示。

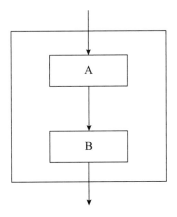

图 4-1　顺序结构

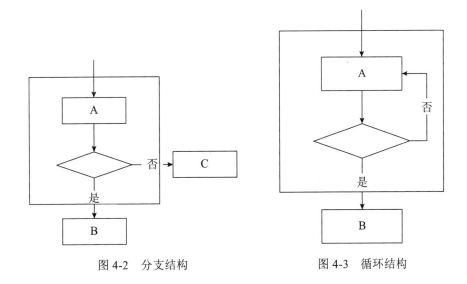

图 4-2　分支结构　　　　　图 4-3　循环结构

徐淼是某互联网公司的 HRBP，公司的主营产品是一款购物 APP。为了吸引新老用户，公司决定开展一次发放优惠券的活动。该活动内容如下。

（1）用户可通过 APP 内的活动链接发现该活动。

（2）当用户领取优惠券时，系统会通过手机号判断该用户是新用户还是老用户，新用户可领取一张 5 折优惠券，老用户可领取一张 7 折优惠券。

（3）用户领取优惠券后，可转发该链接给其他用户，当其他用户通过该链接领取优惠券并消费后，系统将返还给转发该链接的用户一张 7 折优惠券。

（4）用户在消费时，系统会自动使用在有效期内的优惠券，并为用户折算新价格。用户支付成功后，优惠券失效。

（5）用户消费后，系统会判断该优惠券的来源，如果确定是来源于某位用户分享的链接，则自动向该用户发放一张 7 折优惠券。

根据以上活动内容，徐淼绘制出了简单的业务逻辑图，如图 4-4 所示。

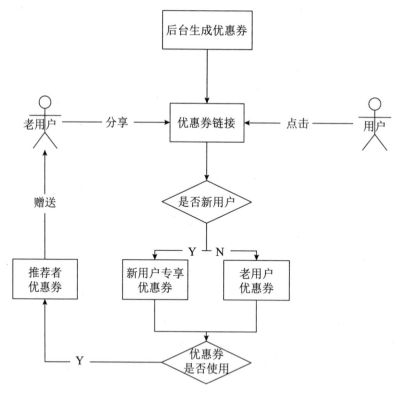

图 4-4 该活动的业务逻辑图

根据该业务逻辑图，徐淼能够清楚地了解该活动的业务逻辑，因为各关键要素间的逻辑关系紧密，不存在不合理的地方，所以徐淼可判定该活动在逻辑上可行。

在绘制业务逻辑图之前，HRBP 需要确定业务逻辑的范围，明确在此项业务中包含哪些关键要素，再根据其逻辑关系绘制业务逻辑图。根据简洁直白的业务逻辑图，HRBP 可判断该业务逻辑是否存在不合理之处，并据此提出解决方案。

4.1.2　评估商业模式的可行性

梁彬是某互联网公司的 HRBP，由于他在这一行业已经工作很多年，具有丰富的工作经验，因此总是能够在业务发展方面提出中肯的意见。

2020 年 6 月，公司决定在智能手机平台上进行生态构建，计划投放一款购物 APP，旨在打造一个不同于 PC 端的购物新端口。

该购物 APP 的运营团队采用 1 元购物、秒杀等活动促销方式积累用户，团队仅组建 2 个月左右，就获得了漂亮的运营数据，包括商家接入、会员运营、设计等方面，这一业务也受到了公司高管的重点关注。

在一次会议上，团队负责人介绍了这款 APP 计划推广的云红包业务模式，并强调：这一模式下的活动运营是零成本的。这一观点得到了团队其他人员的认同。但随后在梁彬与团队负责人的沟通中，对方又强调了另一个观点：在云红包业务模式下，客户和商家都能获利。

这一观点和其之前的观点无疑是矛盾的：既然活动运营是零成本的，那么客户和商家从何处盈利？于是，梁彬抛开复杂的业务模式规划，画了一个简单的逻辑图，如图 4-5 所示。

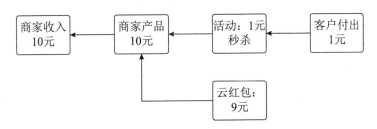

图 4-5　云红包业务模式的逻辑图

这时问题变得清晰起来：如果客户和商家都获利，那云红包中的9元红包，谁来买单？随后梁彬走访了公司的财务部门，进行了细致的数据分析，发现结果是公司给云红包埋单。

在下一次业务会议上，梁彬把这个问题提了出来。团队把云红包业务模式的规划与财务部门提供的测算数据进行了对比分析，明确了如果按照此前的业务逻辑进行云红包业务推广，公司需要支出1.6亿元左右的成本。会后，梁彬把详细的分析报告提交给了人力资源部门经理，人力资源部门经理向公司高管反映了这一问题，最后公司高管决定取消此次推广活动。

在上述案例中，HRBP从业务战略伙伴的角色出发，对业务逻辑进行了中立的分析和判断，并为此采集和验证了客观数据，帮助公司高管作出了决策。如果HRBP没有站在业务角度思考问题，等到财务审核时才发现这一问题，那么HRBP的价值体现在何处呢？

在业务部门调整业务模式或开展新活动时，HRBP需要绘制业务逻辑图，评估业务模式的可行性。只有对业务模式进行科学的分析与评估，HRBP才能够帮助业务部门规避风险，体现出自己的更大价值。

4.2 诊断战略落地痛点

诊断战略落地痛点也是HRBP进行业务诊断的重要内容。企业管理者在提出战略时往往觉得战略十分完美，但实际情况却是难以落地，难以在业务部门具体执行。在遇到这种问题时，HRBP需要诊断战略落地难痛点，寻找战略落地难的原因，并尝试从业务与人性的角度解决问题。

4.2.1 找到问题出现的原因

在战略执行方面，一些HRBP会有以下的困惑：为什么很好的战略无法在业务部门落地？为什么战略得不到大多数员工的认同？为什么大家为了战略拼尽全力，但最终结果却和战略目标背道而驰？

如果战略目标和执行结果之间出现巨大差距，就说明战略在制定或执行方面出现了问题。HRBP 需要对战略本身及战略执行过程进行分析，找到出现问题的原因。

一般来说，战略落地难的原因主要有以下几个方面，如图 4-6 所示。

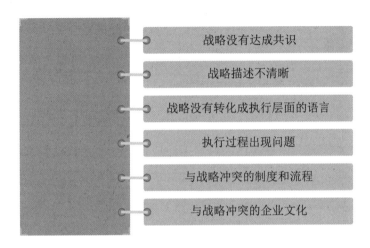

图 4-6 战略落地难的原因

1. 战略没有达成共识

战略只有达成共识才能够有效推行。一个没有共识的战略难以得到彻底执行；一个体现共识的战略能够激发员工的工作积极性，推动战略的贯彻执行。

但是，很多公司制定战略的过程都是不利于共识达成的。一些公司的战略是由几个公司高管制定的，还有一些公司的战略是咨询公司根据公司高管的意图制定的。

这样的战略都有一个共同点，那就是战略的执行主体——业务部门没有参与战略制定。业务部门不清楚战略制定的逻辑，也可能会对战略目标产生怀疑。这使得战略难以在公司范围内达成共识。战略缺乏共识，就难以贯彻执行，自然难有好的结果。

2. 战略描述不清晰

一些公司对于战略的描述并不清晰，往往只是提出一个目标，然后罗列一系列目标规划和工具。

好的战略描述必须体现战略的逻辑，即企业如何以目标为导向，发挥自己的优势，克服困难，最终实现目标。同时，战略是一个系统，必须具有一致性，要解释清楚客户价值是什么、如何构建价值创造系统、核心能力表现在哪些方面、经济逻辑是什么、发展路径是什么等。

3. 战略没有转化成执行层面的语言

战略本身是不可以执行的，可以执行的是由战略转化而来的行动计划。因此，战略要落地，就要转化为执行层面的语言——行动计划。但事实上，很多公司都难以有效完成这个过程。

首先，有些公司并没有将战略转化为行动计划的环节。这些公司认为讲清战略，喊了口号，接下来就是等待战略落地。这种想法无疑是错误的。

其次，有些公司在将战略转化为行动计划的过程中用错了方法。这些公司在战略执行以后，授权一个部门为所有业务部门制订行动计划，或者发动业务部门制订自己的行动计划。将战略转化为行动计划十分复杂，因此，大多数部门的行动计划都只是在日常工作的基础上进行了一些调整，导致行动计划并不能体现战略。

4. 执行过程出现问题

即使战略转化为可以执行的行动计划，执行过程也并非一帆风顺。

首先，一些业务部门可能会对行动计划有错误的预期，认为只要严格按照行动计划开展活动，就一定能够完成战略目标。但现实情况往往是，行动计划按部就班地开展了，战略目标却没有达成。为什么会这样？战略和行动计划都是基于一系列假设制定的，这些假设可能存在偏差。而执行战略的过程就是验证假设的过程。如果当初的假设并不符合战略执行过程中的具体情况，HRBP 就需要对行动计划进行调整。战略执行过程是一个不断反思与调整的过程，一味地执行战略反而会脱离实际。

其次，对战略执行过程缺乏有效的跟踪。对战略执行过程进行跟踪是十分有必要的。公司需要定期跟踪战略执行情况，并通过对环境的变化和执行情况的偏差进行分析，及时对行动计划作出调整。

同时，对于人为造成的偏差，公司需要制定严格的问责和纠偏机制。很多公司虽然对战略执行过程进行了跟踪，但没有建立相应的问责和纠偏机制，最终使追踪变得形式化，难以发挥作用。

5. 与战略冲突的制度和流程

战略规定了行动计划的具体内容，但业务部门并不一定按照这些内容行事，因为公司的制度和流程会约束业务部门的行为。

例如，战略要求发展新业务，但如果新业务是放在现有业务部门内进行孵化的，则很不容易成功。因为业务部门的员工已经习惯了此前业务的运作模式，对于新业务可能没有热情，也缺乏相关技能。

再如，战略要求员工有责任心，积极提升业绩，但公司的选拔机制却是任人唯亲。这样的选拔机制难以刺激员工进步、推动战略落地。

6. 与战略冲突的企业文化

企业文化对企业的影响是深刻、持久的。一个以"保守"为企业文化特征的企业，难以产出激进的战略目标；另一个以"和谐"为企业文化基调的企业，也难以制定出严格的奖惩制度。

企业文化不仅决定了战略和制度，也能够影响员工的言行。如果企业文化与战略冲突，那么员工也难以严格执行战略。例如，战略要求产出高质量的产品，但企业文化中并没有"精益求精"的基因，那么战略执行的效果自然不会好。

在面对战略落地难的问题时，HRBP可以从以上几方面分析原因，并提出有针对性的解决措施。同时，导致战略落地难的原因可能是多方面的，因此，HRBP需要进行全方位的分析与思考，避免忽视关键原因。

4.2.2 从业务与人性的角度解决问题

某公司正处于从 PC 端产品向移动端产品转型的时期，为了推动转型顺利完成，该公司从总公司申请调配了一位高管，指导业务团队跳出现有思维模式，进行新产品的研发和运营。

这位高管履职后，在会议上讲述了业务团队未来的发展战略，并制订了相应的行动计划。会后，业务团队的成员纷纷向 HRBP 王亮表示，听不懂这位高管在说什么，或者虽然听明白了他的意思，但不知道如何落实。

于是王亮和业务团队进行了沟通，发现不知道如何落实工作的成员不在少数。此外，很多成员针对行动计划也提出了自己的建议。

为了解决这一问题，王亮先和这位高管进行了沟通，明确了业务团队的战略和行动计划，同时又将成员提出的问题反馈给了对方，并将自己制订的更加细化的行动计划交给对方审阅。在获得了高管的认可后，王亮组织业务团队召开了会议，更加细致地解释了业务团队的发展战略，并讲解了更加细致的行动计划。

在会上，许多成员都表示自己明白了战略和行动计划。但经过一段时间跟踪，王亮发现，行动计划的完成情况并不尽如人意，同时也有一些成员表示制订的行动计划不可行。例如，行动计划明确规定了每周和每月的研发进度，但事实上，研发进度是很难衡量的，将阶段性研发成果推倒重来也是常有的事。这样的行动计划虽然看起来清晰明了，但并不具备有效的指导意义。

对此，王亮不得不更加认真地思考战略落地过程中的具体问题，同时和人力资源部门的同事进行了沟通。最后，王亮决定大胆一些，抛弃以往常见的、严谨的表格数据追踪办法，将工作目标由量化数据改为阶段性小目标，如规定员工应在什么时间完成设计方案，什么时间完成逻辑设计、页面设计等。

同时，由于业务团队与这位高管比较陌生，无法对其产生足够的信任，有问题也不敢与其坦诚沟通。为了解决这一问题，王亮提出除了日常的周例会和月例会外，再增加一个早会。在早会上，业务团队可以和高管进行充分沟通，提出工作中的问题，倾听高管对工作的指导。经过一段时间的实践，业务团队和高管之间的关系越来越密切，大家的工作效率也有所提高。

在上述案例中，王亮在解决战略落地问题时，没有一味地坚持以往的管理方法，而是根据业务特点和业务团队反馈及时调整了行动计划，同时在行动计划开展过程中，也体现了对成员的关怀。

在解决战略落地问题时，HRBP必须思考：站在人力资源专业视角，战略落地往往是通过各种数据化管理手段和方法实现的，但如果行动计划中有一些难以描述、难以定量衡量的内容，该如何做？这时HRBP需要做的就是抛弃人力资源专业的管理理念，从业务与人性的角度出发解决问题。

4.3 诊断业务流程协同

在业务诊断方面，HRBP还需要诊断业务流程协同问题。一些业务的开展需要其他业务的协同，或者为了节省时间或成本，两个相关联的业务可以协同工作。在这种情况下，HRBP就需要对业务间的协同情况进行诊断，明确业务流程是否合理。

4.3.1 如何连接产品和研发

在很多互联网公司，产品团队和研发团队之间往往有着说不清、道不明的牵扯。

产品团队背负着产品收入的指标，总是在绞尽脑汁地寻找提高产品价值、增加收益的方法，这就带给研发团队一个问题：产品时常需要更新，并且往往会涉及核心业务逻辑的更新。

研发团队对产品性能负责，任何研发逻辑上的变动都会影响产品的方方面面，并且任何新产品都要经过严谨的开发、测试后才能上线。研发成本也是研发团队关注的重点问题。因此，研发团队的诉求往往是尽量少进行研发逻辑方面的调整，以节省成本。

面对这样的问题，作为业务部门的合作伙伴，HRBP需要怎么做？应如何建立连接与共识？

赵明哲是某互联网公司的 HRBP，主要职责是协调研发部门的工作。近来，研发团队在工作中出现了一次小事故，赵明哲和研发团队负责人进行沟通，对方称因为最近产品团队提出了较高的产品更新需求，在巨大压力下，研发团队的工作出现了失误，导致了事故的发生。随后，赵明哲又和产品团队负责人进行了沟通，对方反馈研发团队的工作根本不能满足自己当初提出的需求。

针对这种情况，赵明哲进行了调研，最后发现问题出在需求评审环节上。产品团队和研发团队在需求评审环节的沟通效果不理想，产品团队关注产品价值，而研发团队关注研发成本，因此，双方总是针对某一个需求讨价还价，最终导致研发效果并不理想。

产品团队和研发团队的连接出现问题，其根本原因是双方立场不同，诉求不同。为了解决这一问题，赵明哲召集产品团队和研发团队的所有员工，召开了一次沟通会议。

在会上，赵明哲建议双方转变立场，认真分析产品需求的价值和意义。如果双方在"这项产品需求很有解决的必要"这一点上形成共识，那么双方就不会针对这一需求讨价还价了。同时在分析某一产品需求的价值时，双方也要学会站在对方的角度思考问题，评估产品需求的真正价值，并考虑产品的研发成本。

经过这次沟通，产品团队和研发团队都明白了自己在和对方沟通过程中的错误之处，并且学会了从价值和成本两方面分析产品需求，即当满足这项需求进行的产品研发的价值大于成本时，这项需求才是有意义的。

在很多公司中，产品团队和研发团队连接断裂的现象十分常见。由于双方所处立场不同，很容易进入讨价还价的相处模式，而一旦进入这种模式，就说明双方的沟通出现了问题，即使是双方各自妥协，也会使决策变得中庸。

面对这种问题，HRBP 需要做的就是通过引导产品团队和研发团队转变立场、形成共识，从而建立双方之间的连接。产品团队和研发团队的连接点在于研究产品需求的价值与意义，即通过分析价值和成本，明确做这件事是否会带来经济效益，从而作出正确的决策。

4.3.2 主动给出解决方案

在日常工作中，HRBP 除了解决业务部门提出的问题外，还需要利用专业敏锐度，主动对业务流程进行诊断，主动提出解决方案。这种"策略性主动"的打法，也是 HRBP 需要持续提升的能力。

付子聪是某公司的 HRBP，在对采购部门的工作进行分析时，他发现采购部门的工作效率较低，于是和采购部门经理沟通了这一问题。采购部门经理表示其他部门的确反映过这一问题，但是他分析过采购部门的业务，没有发现不合理的地方。

针对这一问题，付子聪展开了深入调研。他根据采购部门的工作流程绘制了业务流程图，如图 4-7 所示。

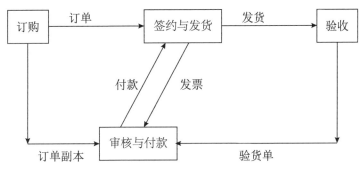

图 4-7 采购部门的业务流程

通过分析采购部门的业务流程，付子聪发现，采购部门的财务处理流程涉及和财务部门的协同，财务部门需要接受并核对采购部门的采购订单副本、收货单和供应商的发票，并审核数据是否有误。主要流程如下：

（1）采购部门向供应商提交订单并将订单副本送往财务部门；
（2）供应商发货，采购部门签收并检验，随后将验收报告送往财务部门；
（3）供应商将产品的发票送往财务部门；
（4）财务部门对以上票据进行审核，确保数据无误后付款。

通过对这一系列流程进行分析，付子聪发现，由于财务部门在对票据进行审核这一环节耽误了太长时间，导致采购部门的整体工作效率大大降低。

为解决这一问题，付子聪在采购部门引入了数据库系统，对采购部门的业务流程进行了重新设计，设计后的业务流程如图4-8所示。

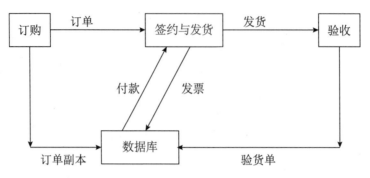

图4-8　重新设计后的业务流程

业务流程重新设计后，采购部门只需将采购订单和收货信息输入数据库系统，系统便可自动进行数据审核，主要流程如下。

（1）采购部门提交采购订单，同时将收货信息输入数据库系统。

（2）供应商发货，采购部门检验来货是否与数据库系统中的数据相吻合并签收。由于采购中的票据已经由数据库系统审核好，这时财务部门只需在系统中点击确认，系统就会自动按时付款。

数据库系统的引入和业务流程的改造大大提升了采购部门的工作效率。公司也对付子聪这种主动发现问题并提出解决方案的行为进行了嘉奖。

要想成为一名出色的HRBP，仅仅解决业务部门主动提出的问题是远远不够的，还需要利用自己的专业敏感度，发现业务流程、业务工作开展过程中潜在的问题，并协助业务部门解决问题。

第三篇

HR 能力

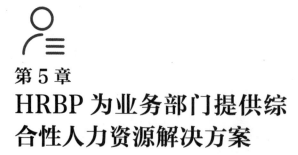

第 5 章 HRBP 为业务部门提供综合性人力资源解决方案

HRBP 除了需要协助业务部门解决业务问题外，还需要满足业务部门的人力资源需求，即 HRBP 除了要具备业务能力外，也需要具备专业的 HR 能力。

HR 工作是 HRBP 的本职工作，为了将这份工作做好，HRBP 需要规划好人力资源管理的工作重点，从业务部门的需求出发做好招聘工作，提高员工的工作能力和综合素质，激活绩效管理体系，留住核心人才。

5.1 规划 HR 工作重点

HR 工作往往是细小、繁杂的，招聘、培训、绩效管理、人才培养等都是 HR 工作的重要内容，也是 HRBP 逃不开的本职工作。为了提高处理这些本职工作的效率，HRBP 需要将基础性工作流程化，将增值性工作集成化。

5.1.1 基础性工作流程化

杨锋是某公司的 HRBP，被人力资源部门派到业务部门工作，由于此前进行了一系列业务方面的培训，他对自己信心满满，想着进入业务部门后一定要大干一场。但工作一段时间后，很多员工向他反馈的问题都集中在 HR 的基础性工作方面。

例如，在组织方面，很多员工不知道公司的组织架构，也不明确自己的职责；在招聘方面，招聘录用审批流程复杂，效率不高，导致业务部门等待时间过长；在绩效考核方面，绩效目标没有落实到个人，很多员工不清楚自己的绩效目标。

除了这些问题外，员工也总是不断地向他咨询考勤制度、请假流程、招聘审批进展等问题。这使杨锋将大量时间花费在了处理基础性工作方面，对于业务问题分身乏术。

无奈之下，杨锋找到人力资源部门经理冯阳，向他反映了这种状况。冯阳不解："考勤、招聘等工作不是都有既定流程吗？"杨锋说："是有流程说明文件，但是其中一些因为内容没有及时更新，现在已经不适用了。"

冯阳说："这就是你忙碌的原因所在，这些基础性工作本来应该按照流程完成，但你还是用人工方式来解决问题。你应该将你所有例行的基础性工作流程化，更新流程文件，让员工自行查询。并且，对于一些新的基础性工作，只要我们成功实践过，就要及时通过流程固化下来。善于按照流程完成基础性工作，才能提高效率。"

杨锋深受启发，在冯阳的指导下更新了部分当前不适用的流程，又对和业务部门关系紧密的考勤流程、入职流程、试用期转正流程、调动流程、绩效考核流程等进行了梳理，并将梳理、汇总后的文件发布到了业务部门的内部系统中。

此后，员工能够从网页上方便快捷地查询这些流程，经常向杨锋询问问题的员工大大减少。杨锋身上的压力大大减轻，也有了更多时间研究业务问题。

HRBP 需要认识到，作为业务伙伴，HRBP 不仅要处理业务问题，也要做好基础性工作。而对于基础性工作，HRBP 需要明确执行这些工作的制度和流程，以此保证这些工作的质量和效率。做好基础性工作，确保各项事务高效运行，不仅能更好地支撑业务运作，还能提升员工的士气，营造更好的工作氛围。

5.1.2 增值性工作集成化

在日常工作中，HRBP往往会遇到这样的问题：当自己正在进行能够给业务部门创造价值的增值性工作时，人力资源部门往往会下达新的基础性工作，并设定一个完成期限。这些计划之外的工作往往会打乱HRBP的工作节奏，为了顺利完成各项工作，HRBP不得不加快工作进度，变得十分忙碌。这让很多HRBP十分头疼。

那么，有什么方法能够既有条不紊地完成基础性工作，又能留出更多时间完成创造价值的增值性工作呢？"凡事预则立，不预则废"，提前做准备是最好的方法。

如果对HRBP需要做的基础性工作进行分析，就会发现这些工作是有时间规律的，工作方法基本也是固定的，HRBP只要对此进行分析并提前做好准备，就能够从容完成。

为了把握工作重点，HRBP可以把基础性工作和增值性工作区分开来。基础性工作是有规律的、在一定时间内开展的工作，如人力资源预算、绩效考核、员工职级与薪酬调整、校园招聘等，这些大多是人力资源部门下达的任务，是保持组织正常运作的基础。而增值性工作会因为不同的组织规模、业务特点等有较大差异，这也是HRBP需要根据业务部门的特点设计解决方案的部分。

对于增值性工作，HRBP需要想清楚"做什么，为什么做"这些问题，分析业务部门的目标、痛点，并对未来环境作出预判。这些工作的完成可以为业务部门创造价值。

具体来说，增值性工作包括业务诊断与管理优化、核心员工识别与激励、人才体系建设、员工沟通与工作氛围改进、业界竞争分析等。通过以上内容可以看出，增值性工作并不针对单一的某个模块，而是更加集成化，更致力于创造业务价值。因此，HRBP有必要将增值性工作集成化，借助不同模块的连接提出更有实践意义的解决方案。

HRBP的工作目标是实现业务价值，如果落实到行动上，那就是不再局限于人力资源的各大模块，而是和业务部门的目标、业务特点、人才特征、内外部环境等紧密结合在一起，因此具有了集成化的特点。在处理增值性工作时，HRBP 需要聚焦于业务本身，只要是围绕业务目标、业务特点思考解决方案，工作方法和手段都灵活可变。

5.2 对症下药的招聘策略

HRBP 的一切工作都是围绕业务展开的，在招聘方面也同样如此。在开展招聘工作前，HRBP 需要分析人才困境，了解人才环境；需要围绕业务做招聘，了解业务部门的需求；同时需要通过有效手段降低业务部门的离职率，保持员工队伍的稳定性。

5.2.1 从供需角度分析人才困境

HRBP 要分析人才困境就要了解内外部人才环境，尤其是大的人才环境，如人才的获得环境、培养环境以及保留环境等。另外，HRBP 还要综合考虑竞争对手的人才环境以及企业内部的人才环境。

具体来看，关于人才困境，HRBP 需要从人才需求旺盛和人才供给短缺这两个方面进行对比分析，具体如图 5-1 所示。

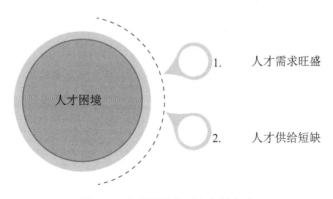

图 5-1 人才困境的两个分析角度

1. 人才需求旺盛

人才需求旺盛表现为公司的增多和规模的扩大。良好的市场环境加速了公司的成长，许多公司的规模在不断扩大，同时市场中的创业公司也如雨后春笋般不断涌现。两者结合在一起，导致了人才需求旺盛。

2. 人才供给短缺

人才供给短缺表现在三方面。

首先，人才结构不均衡现象严重，高级人才短缺，中高端人才需求量远大于供给量，有些职位甚至需要招聘半年到一年才能成功。

其次，人才流动率居高不下。尤其是互联网公司的人才流动频率很高，有些公司的人才流动频率甚至高达50%。这对公司的长久发展是极其不利的，不利于人才的保留以及后期人才的可持续培训。

最后，缺乏对人才的培训。很多企业的一些岗位经常缺乏合适的人选，原因就在于没有提前进行规划，对人才的培训也不足。同时，由于培训制度不完善、晋升通道不确定，很多人感觉自己的职业生涯并不明确，常常会为了追求更好的发展而离职。

以上原因都会造成企业的人才供给短缺。而企业要想发展，就需要人才支持。为了解决这种人才困境，HRBP需要做好以下两个方面的工作。

首先，HRBP要招聘合适的人才。善于发现千里马，把合适的人才放在合适的位置十分重要，这样才能发挥人才的最大潜能。在分析人才与岗位是否匹配时，HRBP不仅要了解人才的专业知识、经验和实际技能，也要分析其性格和潜能。在进行招聘之前，HRBP要做好需求分析，明确工作职责和任职资格，明确企业需要什么样的人才，招聘的基本原则即"不求最优，只求适合"。

其次，HRBP要避免人才流失。在招聘到人才之后，HRBP的工作重点就是要留住人才。为了留住人才，HRBP要设计完善的培训体系和薪酬绩效体系，设计出透明、公平的晋升通道，帮助人才做好职业生涯规划。

总之，在解决人才困境方面，HRBP要关注企业和人才的需求。只有关注企业的需求，才能够为企业招到合适的人才；只有关注人才的需求，才能够通过满足需求留住人才。

5.2.2 围绕业务做招聘

张平是上海一家公司的 HRBP,由于近期公司设立了一个新的业务部门,便将张平派去该部门协助业务部门经理开展工作。由于该部门人员短缺,张平到任后的第一件工作就是开展招聘工作。

哪知招聘工作进行了两个月,业务部门经理却向他反馈他招聘的新员工和岗位的匹配度并不高,同时新员工流失得也比较多。张平对此感觉十分困惑,因为在开展招聘工作之前,他对业务部门的员工进行了梳理,明确了业务部门所需员工的大致特点。在他看来,自己招聘到的员工就是业务部门需要的员工。

针对这一问题,张平和业务部门经理进行了沟通,结果发现自己对于业务的理解存在误区。原来,由于公司的其他业务部门都是比较传统的业务部门,在招聘要求方面往往会关注应聘者的工作经历和经验,但新建立的业务部门开展的是新兴业务,对员工的技术能力和创造性有较高要求。而张平在招聘时还是关注应聘者的工作经历和经验,导致人岗不匹配问题。

了解了业务部门经理的需求后,张平调整了招聘要求,将技术能力和创新能力作为招聘的重要条件。此后,张平又招到了一批技术能力过关,同时具有创新精神的员工,受到业务部门经理的肯定。

HRBP 一定要围绕业务需求做招聘。首先,HRBP 要根据业务部门的业务规划制定策略,即了解业务部门的发展目标,现在的定位,以及如何完成业务目标等,根据业务规划形成策略。

其次,HRBP 需要加强和业务部门的沟通,把握业务部门的需求。对于招聘岗位的技能要求、工作经验要求等,HRBP 要与业务部门进行确认,以保证招聘的员工与业务部门的需求精准匹配。

5.2.3 如何降低业务部门的离职率

在 A 公司的年终总结会上发生了一件不愉快的事。业务部门主管小王直言要减少 HR 部门的绩效工资，原因是这一年业务部门的离职率过高，新员工来了又走，对业绩提升完全没有帮助。小王认为是 HR 部门没有做好招聘工作，导致新员工与岗位的匹配度较低，才造成离职率过高。

这件事掀起了不小的波澜，虽然总经理并没有采纳小王的提议，但给身为人力主管的 HRBP 小方敲响了警钟。

业务部门的基层岗位相对于其他部门的岗位来说，门槛较低，需求量较大。虽然业务岗位能分到最多的"果子"，但新入职的业务员开单不易，常面临几个月开不了单的尴尬状况。业绩压力、职场压力、环境压力等因素持续打击新业务员的积极性，让其中很多人都选择了离职。

小方根据业务岗位的痛点，制订了细致的招聘计划和新员工入职关怀计划，试图从匹配度和留存率两方面降低业务部门的离职率。

1. 招聘计划

招聘计划是指导招聘工作的准则。严格按照招聘计划工作，招聘才会简单化、高效化。对于 HRBP 来说，招聘计划可以提升招聘的针对性，让新员工与岗位的匹配度更高。

在进行招聘工作之前，小方向业务部门主管全面了解企业及部门的战略方向，从业绩目标、绩效需求、员工个人发展等角度协商招聘需求。

在沟通之后，小方对岗位数量、员工数量、岗位空缺等情况有了一些了解。但他并没有直接制订招聘计划，而是先对招聘需求提出了"质疑"。小方结合业务部门近期的销售数据，分析了需不需要扩大生产、是否真的需要招聘新员工，以及招聘数量是否合理等问题。最后，他根据分析结果确定了招聘计划。

此外，小方还对招聘需求层次进行了划分。因为企业的组织架构由很多岗位和部门组成，往往有层次和种类之分。不同岗位发挥不同的作用，有不同的层级水平要求。在这种情况下，HRBP 要根据不同的层级水平要求进行人力资源合理配置，以保证人才与岗位的匹配度。

只有在合适的岗位，员工才可以充分发挥自己的能力。由于每个员工在横向上处于不同的水平知识广度，在纵向上处于不同的层级位置，HRBP 在招聘时应该使岗位配置与员工能力相对应,即员工所具有的能力符合所处岗位的要求。

2. 新员工入职关怀计划

小方在与离职员工的交谈中得知,大多数人认为新员工辅导对他们并没有太大帮助,因为这只帮助他们熟悉了岗位,并没有帮助他们适应工作。

小方在思考后总结出新员工的痛点:如何尽快熟悉业务,尽快做出业绩。一旦新员工对业务不能得心应手,无法顺利融入团队,就很容易情绪低迷,进而选择离职。因此,HRBP要帮助他们做好角色转变,以平常心适应新工作,如图5-2所示。

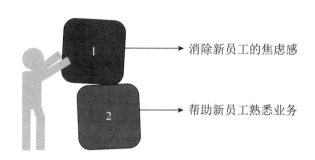

图 5-2　HRBP 帮助新员工适应工作的方法

第一,HRBP要消除新员工的焦虑感,让他们以饱满的情绪应对工作。例如,应届大学生面临从学生到员工的角色转变,HRBP要派业绩突出,工作时间不长的优秀大学生代表去帮助他们完成角色转变,消除他们的焦虑感。而有几年工作经验的销售人员有一定的根基,不愿意在一线销售岗位重新奋斗,针对这类员工,HRBP要增强他们的责任意识,让他们体会到自身对公司的价值,减少他们的心理落差。或者让业务部门多找他们谈话,让他们多发表自己的看法,使其有被重用的感觉。

第二,HRBP要帮助新员工熟悉业务,降低他们的业绩压力。

小方通过观察发现,新员工第一次接触产品,是他们思考离职还是留存的一个节点。

他们衡量的因素有：

（1）单价与提成比例；

（2）产品好不好卖；

（3）销售方法是否有效；

（4）公司有多少资源。

于是，小方通过"结对子"的方式，给每位新员工安排了一位工作职责相近、踏实认真的老员工作为伙伴，随时给予新员工协助和指点。老员工明白新员工的疑虑，可以为其分享工作经验，现身说法告诉新员工这份工作的前景，比新员工培训更有说服力。而被选中成为新员工的伙伴代表了公司对老员工的认可，也对老员工有一定的激励作用。

经过小方的调整，业务部门的离职率有了明显下降，业务部门也逐渐认可了 HR 部门的工作，年终总结会上的冲突再也没有发生过。

5.3 提升员工的胜任力

员工入职后，可能难以很快掌握工作方法，或者在工作中遇到瓶颈，难以提升自身能力，这时就需要 HRBP 组织培训人员对员工进行培训，提高员工的胜任力。在此，HRBP 需要掌握合适的培训方法，并将培训体系和人才管理结合起来。

5.3.1 培训上"云"

近些年来，随着线上教育的发展，培训上"云"也越来越普遍。对于 HRBP 来说，将培训从线下转到线上是十分必要的，这能够有效减少培训工作量，便于对员工进行管理，同时也能够借助更多的资源提升培训效果。

那么，HRBP 如何才能做好线上培训呢？HRBP 需要注意以下几个方面，如图 5-3 所示。

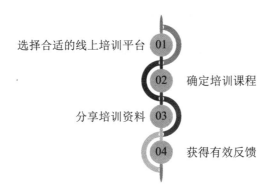

图 5-3　如何开展线上培训

1. 选择合适的线上培训平台

HRBP 需要选择一个合适的线上培训平台。当前市场上的线上培训平台有很多，除了具有多端学习、课程管理、考试管理、数据分析等基本功能外，一些线上培训平台还具有游戏激励、协作学习等功能。HRBP 需要对线上培训平台的功能和操作便捷性进行分析，选择最适合自己的平台。

2. 确定培训课程

选择好平台后，HRBP 需要和业务部门进行沟通，了解业务部门的需求，同时和业务部门经理就培训课程进行沟通，确定适合员工的培训课程。例如，如果员工多为年轻群体，那么在课程设计方面，HRBP 就需要多加入一些视频或者设计一些游戏化互动环节，以此提升激发员工的兴趣。

3. 分享培训资料

在培训正式开始之前，HRBP 可以给员工发放培训资料，让他们了解课程内容。这样员工可以根据自身情况，划定课程中的疑难点，以便了解在培训过程中应特别关注哪些内容，有针对性地学习，进而提高培训质量。

4. 获得有效反馈

在培训过程中，HRBP 也要注意随时和员工进行沟通，获得有效反馈。HRBP 可以通过知识测验来了解员工对知识的掌握情况，明确员工学习的难点。掌握了这些情况后，HRBP就可以有针对性地调整课程，或者制定下一个培训专题。

5.3.2 场景还原式培训

在进行员工培训时，HRBP需要思考如何让员工快速融入团队，胜任工作。在这方面，十分有效的培训方法就是场景还原法。

场景还原法就是通过场景还原，让员工置身相应的场景中，从整体工作目标、个人职责及客户管理等多个维度，对事情发展、工作流程的前因后果进行分析，从而使其迅速建立起对工作的理解。

例如，某公司的业务部门刚入职一批产品研发岗位的新员工，因为他们对整个项目缺乏系统了解，所以面对部门主管派发的一堆资料无从下手，影响了研发进度。这时，HRBP就可以借助场景还原法，使员工进入模拟的项目运作流程中，系统了解项目目标、资源以及项目执行中的所有信息，进而对自己的工作有更系统、明确的认知。

场景还原法的使用不仅能够帮助员工提前了解工作内容，使其快速进入工作状态，同时还具有及时性和可追溯性。因为它除了能够及时帮助员工了解工作内容之外，还能通过具体内容的演绎使员工发现工作过程中的不足，方便对这些内容进行改进。如果HRBP将培训的重点放在让员工迅速了解整个工作流程，快速开展工作上，就可以采用此方法。

5.3.3 培训体系与人才管理相结合

企业的发展靠的是人，而人的发展则依赖于学习。员工除了可以根据自己的需求主动补充知识外，还可以通过企业提供的培训来提升自己。在培训过程中，单单学习是不够的，企业还要不断实践，进行培训的效果反馈和强化，加深员工对培训内容的记忆。这样在一阶段的培训告一段落后，员工能将所学知识和技能熟练应用到实际工作当中，达到知行合一的目的。

由于所处的时代背景、社会环境和生活经历不同，员工的需求层次、生活态度、行为方式，包括价值观都存在很大差异。例如，"80后"可以被价值驱动，而"90后"大多是被兴趣驱动；满足利益之后，"80后"可以忍受与权力核心保持距离，而"90后"却要求平等地分享权力，通过个人能力来影响决策、解决争端，无法接受不确定性。

由此可见，在新时代，HRBP在进行培训体系建设时要与人才管理相结合。在培训过程中，采取合理的人才管理方式能够让培训立竿见影、事半功倍。整体来看，培训体系与人才管理的结合存在4种管理方法，分别是目标管理法、轻管理法、知识赋能型管理法和技能提升型管理法。

1. 目标管理法

这一方法是美国管理学家彼得·德克鲁提出的。1954年，他出版了一本名为《管理的实践》的书。在这本书中，他提出了"目标管理和自我控制"的主张。在彼得·德克鲁看来，企业的目的和任务必须转化为目标。企业如果没有总目标及与总目标相一致的分目标来指导员工的生产和管理活动，那么企业的规模越大，员工越多，发生内耗和浪费的可能性也就越大。目标管理法的实施步骤具体如下：

（1）制定组织的整体目标和战略；
（2）在经营单位和部门之间分配主要目标；
（3）各单位的管理者和他们的上级一起设定本部门的具体目标；
（4）部门的所有成员参与设定自己的具体目标；
（5）管理者与下级共同商定实现目标的行动计划；
（6）实施行动计划；
（7）定期检查目标的实现情况，并向有关单位和个人反馈；
（8）基于绩效奖励将促进目标的成功实现。

2. 轻管理法

为了在培训过程中更好地管理员工，HRBP必须要掌握轻管理法。轻管理法相对于传统管理法有3个显著特征，如图5-4所示。

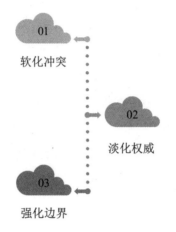

图 5-4　轻管理的特征

（1）软化冲突

软化冲突简单来说就是先处理情绪问题，放下自己高高在上的姿态，不要忽视员工的要求。比如，新生代管理人员才刚开始工作，就给企业提交了一份长达十几页的建议，希望被采纳，这个时候 HRBP 不应该因为他的入职时间短而质疑他的行为，可以通过肯定的方式，以进为退，让他明确感受到，企业有心接受意见，而不是置之不理。批评可以让一个人改错，但适度的表扬与赞赏，更能激发工作热情。

（2）淡化权威

以往的管理都是管理者高高在上，一副千军万马由我指挥的模样。他们认为这是一种权威的象征，自己说的话就是命令，要的就是执行力。自己有多年经验，所做的就是对的，这种不平等的权威并不能被新生代管理人员所接受，对他们来说，很多工作用其他方法就可以做。即使还缺乏经验，需要修正，但只要给他们时间，他们足以成长为企业的中坚力量。

（3）强化边界

轻管理的最终目的是让新生代管理人员有正确的角色意识。有了正确的角色意识，才会有规划的行为。"不以规矩，不成方圆"，企业要有明确合理的规章制度，让新生代管理人员明确知道自己什么能做，什么不可以做。

3. 知识赋能型管理法

相对于权威型领导与权威式命令，在进行培训时，员工更青睐魅力型领导，更容易接受民主式建议，即在工作中为员工树立目标并与之共同奋斗，在有参与感、能互动、可共享的工作氛围中工作。拥有过硬专业知识与能力的管理者可以通过说话、处理事情，体现专家风范，更好地镇住员工。

因为缺乏工作经验的员工有很多不足之处，这些都需要时间和实践弥补，对他们而言，一位有丰富经验与知识的管理者，能够给予自己正确的工作指导，帮助自己处理好无法解决的事情，带领团队走向巅峰。事实证明，这样的管理者能够更好地让员工心服口服，更踏实安心地完成工作。这代表着更多的机会，能获得更多的经验，更好地实现自我价值，充满成就感与满足感。

4. 技能提升型管理法

在进行培训时，HRBP如果能够进一步提升员工的工作技能，进一步提升他们的竞争力，他们会投入更多的精力与热情进行培训与学习，其成长速度也会更快。为了在培训过程中提升员工的工作技能，HRBP需要对员工的培训行为展开等级评价。这种方法被称为行为锚定等级评价法。

行为锚定等级评价法是由美国学者史密斯和德尔提出的。这种方法的具体做法是建立一个等级评价表，然后根据评价表上的内容对员工的实际行为进行测评并划分等级。因此，它也叫行为定位法。行为锚定等级评价法的实质是将关键事件法与评级量表法结合起来。这种方法进一步拓展了关键事件法。实际上，不同的员工在完成同类工作的时候，其效果和效率的确存在差异。如果对其实行无差别对待，那么员工的工作积极性显然难以调动起来。

公司在运用行为锚定等级评价法对员工进行考核时，首先需要对员工所处的工作岗位进行分析。因为即使在同一家公司，不同的工作岗位也会存在学历、能力、劳动强度上的差异。同时，这种方法能对处于这个工作岗位的员工起到激励作用，调动他们的工作积极性。从整体上来看，这样的考核标准也是十分科学合理的。如果公司不对这些因素进行分析，那么制定出来的考核标准就会有失合理性，随之而来的考核结果也就不具备可信性，没有参考价值。

5.4 激活绩效管理体系

要想做到人尽其才，物尽其力，就离不开科学的绩效与激励管理。绩效管理是人力资源管理的核心。科学的绩效管理能够激发员工的工作动力，促使他们快速进步。

5.4.1 绩效管理是业务部门的命脉

为什么说绩效管理是业务部门的命脉？绩效管理对于业务部门十分重要，能够为业务部门的工作指明方向、规范业务部门的活动、提升业务部门的绩效。对于业务部门而言，绩效管理的作用主要表现在以下方面。

首先，绩效管理可以促进员工和业务部门绩效的提升。通过设定科学的部门目标和个人目标，为员工指明了工作方向。在绩效辅导环节，HRBP能够及时发现员工工作中存在的问题，并给予其必要的资源支持；员工通过工作方法的改进，保证绩效目标的实现。在绩效考核环节，HRBP对员工和部门的工作进行客观、公正的评价，明确员工和部门对组织的贡献，通过各种绩效激励手段激励高绩效部门继续提升绩效，督促低绩效部门找出差距、改善绩效。在绩效反馈过程中，HRBP通过与员工面对面沟通，帮助员工分析工作中的长处和不足，促进员工发展；经过这种绩效管理循环，员工和部门的绩效会得到全面提升。

同时，绩效管理通过对员工进行甄选，保证优秀人才脱颖而出，同时淘汰不适合的员工。绩效管理能使业务部门的优秀人才得到成长，以满足业务部门的发展需求。

其次，绩效管理能够促进业务流程的优化。绩效管理包括对人和事的管理。对人的管理即通过绩效制度约束或激励员工的工作。对事的管理即对业务流程进行管理。所谓流程，就是一项业务如何运作，涉及为什么要做、由谁来做、如何去做等问题，解决好这些问题才能够提高业务部门的效率。

绩效管理能够为企业的蓬勃发展创造更多价值，若要最大限度地发挥绩效管理的效果，HRBP 必须为企业建立一套合适的绩效管理体系。绩效管理体系的建立离不开以下几个方面，如图 5-5 所示。

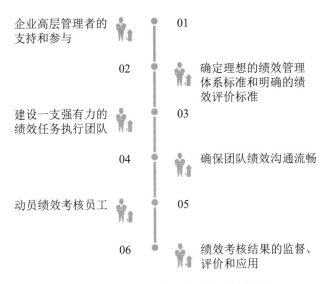

图 5-5　建立绩效管理体系的重要方面

1. 企业高层管理者的支持和参与

在整个绩效管理中，企业高层和 HRBP 起领导作用。由此，他们必须扎根于绩效考核的土壤，深入实践，明确企业的战略规划、核心价值观以及员工的胜任素质。在此基础上，他们才能够建立一支强有力的执行铁军，促进绩效管理落地生根、开花结果。同时，企业高层要有全局思维，明确企业的发展方向，为企业指明绩效考核之路。只有这样，广大员工才会积极参与绩效考核，促进企业进一步发展。

2. 确定理想的绩效管理体系标准和明确的绩效评价标准

没有规矩不成方圆。只有建立和完善绩效管理体系标准，员工才能够做到按规矩办事，才会在工作中表现得更加有条不紊。绩效管理体系标准体现在多个方面。

以事假管理标准中的事假申请标准为例，员工如果不按请假流程办理手续，则视为旷工；事假申请 3 天以上的，必须经总经理签字方可生效；员工一个月内请事假不得超过 5 天（含 5 天），有特殊情况经总经理审批同意者除外。

同时，HRBP 需要明确绩效评价标准，即明确不同业务部门的考核指标和指标评价标准。考核指标必须是依据业务部门的具体工作所产生的，并且必须是明确的、可量化的，指标评价标准也必须是清晰的。

3. 建设一支强有力的绩效任务执行团队

通过团队合作，HRBP 可以营造一种工作氛围，使每个成员都有归属感，有助于提高成员的积极性和工作效率。正所谓"人心齐，泰山移"，在绩效管理中，培养员工的合作精神与执行力必然能够为公司带来更高效益。

4. 确保团队绩效沟通流畅

绩效管理方案的确定并非一蹴而就，而是需要管理层与员工进行积极沟通，最终确定绩效管理方案。HRBP 要通过绩效管理体系的试用方案，广泛征求员工意见。在具体执行过程中，HRBP 也要随时了解员工的反馈，确保团队沟通流畅。

5. 动员绩效考核员工

HRBP 在展开绩效考核之前，必须让员工知晓考核内容、考核评价的具体方式，以保证考核的公正性与透明度。最好的方法是通过员工动员，激发其参与绩效考核的热情。如果绩效考核过程中包含了 360 度评估法或 KPI 考核法等方式，HRBP 还需要组织相关人员对员工进行培训。例如，可以向员工介绍 360 度评估法的积极作用和优点，从而激发他们参与考核的热情。

6. 绩效考核结果的监督、评价和应用

在绩效考核过程中，HRBP 要做好对员工的监督，随时了解员工的工作

情况及目标完成情况。当员工的工作出现问题时，HRBP 需要了解问题产生的原因并及时帮助员工解决问题。同时，在监督过程中，如果发现员工的工作方式存在问题，HRBP 也要及时提出并帮助员工改正。

此外，在进行绩效评价时，HRBP 需要按照此前确定的绩效评价标准评估员工的工作结果。如果涉及员工上级、下级、客户等方面的问卷评价，那么 HRBP 要加强对整个评估过程的管理，从评价问卷的开封、发放、宣读指导语到疑问解答、收卷和加封保密，都要做好把控。

最后，HRBP 应该在绩效评价后针对考核结果对员工的工作进行指导，可通过面谈、会议、邮件等方式与被考核员工进行沟通，肯定其工作的长处并指出工作的不足，与员工共同制定绩效改进方案。

5.4.2 是谁在考核员工绩效

在对员工进行绩效管理时，HRBP 还需要思考一个问题：是谁在考核员工绩效？考核员工的主体包括员工的直系领导、部门领导以及 HRBP 等，为此，HRBP 需要组织相关人员成立绩效考核管理委员会，并确定好每一个成员的评价权重。

例如，在对业务部门的员工进行考核时，绩效考核管理委员会的成员需要包括部门主管、部门经理、HRBP。成员间可以设置相同的权重，也可以根据管理关系设定不一样的权重。最后各成员对被考核员工打分，然后按照各自的权重进行加权计算，作为该员工最终的考核成绩。如果成员间设置不同的权重，则一般遵循直接领导占较高权重，间接领导占较低权重的原则。通过绩效考核管理委员会的方式对员工作出考核评价，能够避免评价结果受到个人偏见影响，从而使考核结果更加科学合理。

那么，在考核过程中，HRBP 应如何组建绩效考核管理委员会，并对员工进行考核呢？可遵循以下步骤，如图 5-6 所示。

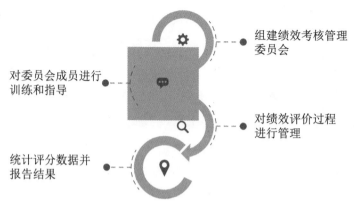

图 5-6 考核员工的 4 个步骤

1. 组建绩效考核管理委员会

HRBP 需要确定绩效考核管理委员会的成员人选，包括被考核员工的直接领导、间接领导、HRBP 等，并设置好相应的权重。同时，HRBP 还需要和被考核员工做好沟通，了解其对这种评价方式的意见和建议，保证被考核员工认同和接受评价结果。

2. 对委员会成员进行训练和指导

HRBP 需要为委员会的成员提供绩效考核评价方法的训练和指导，使其明确绩效考核评价流程。

3. 对绩效评价过程进行管理

HRBP 需要对整个绩效考核评价过程进行管理，做好员工考核数据的收集、考核评价问卷的发放和收集整理等。如果这个阶段的工作没有做好，那么整个考核结果是无效的。

4. 统计评分数据并报告结果

各成员完成绩效评价后，HRBP 需要对评分数据进行统计，明确每个员工的最终分数和整体排名，并向业务部门和相关领导报告结果。

HRBP需要保证绩效考核的公平、公正，而通过成立绩效考核管理委员会，能够实现不同考核主体对被考核员工的多元化考核，使考核结果更具公平性。

5.4.3 绩效评价看什么

绩效考核完成后，会得出不同员工的绩效评价，那么绩效评价包括哪些内容呢？HRBP能够通过绩效评价了解员工的哪些方面？绩效评价主要包括以下三方面内容，如图5-7所示。

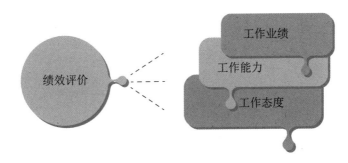

图5-7 绩效评价的主要内容

1. 工作业绩

绩效评价的第一大内容是工作业绩，看的是员工有没有把工作做好。

工作业绩是衡量和判断员工工作做得好坏的考核维度，涵盖了任务绩效、管理绩效、职能绩效和周边绩效四方面内容。其中，任务绩效是指本职工作完成情况，管理绩效是指管理人员履行管理职能的结果，职能绩效是指部门职能完成情况，周边绩效是指岗位间或部门间的配合情况。

上海一家公司根据不同的岗位，把员工分成管理人员、技术人才、业务人员三大类，分别使用不同的工作业绩考核表，每月考评一次。

第一次工作业绩考核，由于指标无法客观衡量，考核结果并不能让所有员工信服。工作业绩考核在公司内实行了3个月，收效甚微，最后公司取消了该考核。

上述公司的绩效考核之所以没有取得成果，究其原因，就是没有明确工作业绩的重点,不同岗位、部门的工作内容是不同的,这家公司将员工笼统地划分为三类,必然难以满足具体工作业绩考核需求。

那么,HRBP 应该怎么考核呢?HRBP 应对不同的业务部门进行细分,根据不同部门的工作特点和岗位职责制定有针对性的绩效考核标准。以某公司的销售总监为例,其业绩考核表如表 5-1 所示。

表 5-1　某公司销售总监业绩考核表

一、目的
为明确工作目标、工作责任,公司与销售总监签订此目标责任书,以确保工作目标按期完成。
二、责任期限
　　年　　月　　日至　　年　　月　　日
三、职权
① 对公司销售人员的任免建议权及考核权。
② 对市场营运有决策建议权。
③ 有权组织制定市场管理方面的规章制度,建立与修改市场营销机制。
④ 市场营运费用规划及建议权。
四、工作目标与考核
(一)业绩指标及考核标准

指　标	考　核　标　准
销售额	业绩目标值为____%,每减少1%,减____分,完成率<____%,此项得分为0
销售增长率	业绩目标值为____%,每减少1%,减____分,完成率<____%,此项得分为0
销售计划完成率	业绩目标值为____%,每减少1%,减____分,完成率<____%,此项得分为0
销售回款率	业绩目标值为____%,每减少1%,减____分,完成率<____%,此项得分为0
销售费用率	业绩目标值≤____%,每增加1%,减____分,费用率>____%,此项得分为0
市场占有率	业绩目标值为____%,每减少1%,减____分,完成率<____%,此项得分为0

(二)管理业绩指标
① 企业形象建设与维护,通过领导满意度评价分数进行评定,领导满意度评价达____分,每低____分,减____分。
② 客户有效投诉次数每有1例,减____分。
③ 核心员工保有率达到____%,每减少1%,减____分。

续表

④ 员工行为管理。员工是否有重大违反公司规章制度的行为，每有 1 例，减 ____ 分。
⑤ 部门培训计划完成率达 100%，每减少 1%，减 ____ 分。
⑥ 销售报表提交的及时性。没按时提交的情况每出现 1 次，减 ____ 分。
五、附则
① 本公司在生产经营环境发生重大变化或发生其他状况时，有权修改本责任书。
② 本责任书的签订之日为生效日期，责任书一式两份，公司与被考核者双方各执一份。

相关说明			
编制人员		审核人员	批准人员
编制日期		审核日期	批准日期

HRBP 可以根据业绩表格中员工完成业绩的情况来分析其有没有把工作做好，表格中也对评分标准进行了明确规定。

2. 工作能力

工作能力也是绩效评价的重要内容，通过对员工工作能力的评价，HRBP 可以判断员工是否称职，能不能把工作做好。

一般来说，工作能力包括必备知识、专业技能、一般能力 3 个主要方面。具体细分包括岗位的核心能力、专业技能、岗位任务所要求的操作能力、逻辑思维能力、创新能力、分析问题能力、解决问题能力、客户沟通能力、内外部协调能力等。

考核对象、考核主体不同，工作能力的具体考核指标也不同。比如，在对管理人员与基层员工进行工作能力考核和评价时，管理人员的考核及评价重点是管理能力与协调能力，基层员工的考核及评价重点偏向于岗位技能等，两者有不同的考核指标和评价标准。因此，在进行工作能力考核时，HRBP 要明确每个岗位特定的能力要求，先有岗，后有人，根据岗位设定具体标准。

3. 工作态度

工作态度也是绩效评价的重要内容，即对员工对待工作的态度和工作作风进行评价，内容包括其对待工作的认真度、责任感、努力程度等。以销售人员为例，其态度评价表如表 5-2 所示。

表 5-2 销售人员态度评价表

	优秀	良好	一般	较差	差
积极性（考量其是否能够自我驱动，贡献于工作的主动程度，在完成工作中是否需要其他人督促，以及对于额外工作的态度）	1.2 分 对于本职工作很积极主动地完成；长期坚持学习业务知识；对于额外工作任务能主动请求并且高质量完成；工作中善于发现问题，并经常提出新思路和建议	1.0 分 对于本职工作积极主动地完成；较为主动学习业务知识；较为主动承担额外工作任务；工作中有时能够主动提出新的思路和建议	0.8 分 对于本职工作能够按部就班地完成；学习业务知识主动性一般；主动承担一般的额外工作任务；在别人的督促下，能够提出一些新的思路和建议	0.5 分 完成本职工作积极性较差，偶尔拖沓或降低质量；偶尔主动学习业务知识；很少主动承担一般的额外工作任务；在别人的督促下，能提出个别的新思路和建议	0 分 完成本职工作积极性很差，经常拖沓或降低质量；基本上不主动学习业务知识；不主动请求承担一般的额外工作任务；在别人的督促下，也不能提出新的思路和建议
协作性（考量其对工作和同事之间的服务、合作意识）	1.2 分 主动协助同事出色地完成工作	1.0 分 能够与同事保持良好的合作关系，协助完成工作	0.8 分 根据同事的请求能够提供一般性协助	0.5 分 不能积极响应同事的请求或者协作任务的完成质量较差	0 分 对同事的协助请求不响应或者协作任务的完成质量差
责任心（考量其完成工作的敬业精神）	1.2 分 工作有强烈的责任心	1.0 分 工作有较强的责任心	0.8 分 工作责任心一般	0.5 分 工作责任心较差	0 分 工作责任心极差
纪律性（考量其遵守公司制度和听从领导安排的态度）	1.2 分 能够长期严格遵守规章制度以及相关本职的工作规定与标准，有非常强的自觉性和纪律性	1.0 分 能够遵守规章制度以及相关本职的工作规定和标准，有较强的自觉性和纪律性	0.8 分 基本能够遵守规章制度和相关本职的工作规定和标准，基本能够遵守纪律，但有时出现自我要求不严的情况	0.5 分 遵守规章制度以及相关本职的工作规定和标准的态度较差，时有发生违规情况，自觉性和纪律性较差	0 分 不能遵守规章制度以及相关本职的工作规定和标准，经常发生违规情况，自觉性和纪律性差

员工的工作态度是十分重要的，工作态度良好的员工的工作积极性也会很高。即使员工在工作中遇到了问题，也会积极解决问题，努力把工作做好。HRBP可以在绩效考核中根据不同的岗位职责，设计不同的绩效评价内容，以此分析员工的工作态度。

工作态度是工作能力向工作业绩转换的桥梁，很大程度上决定了工作能力转换为工作业绩的实际效果。HRBP一定要重视员工的工作态度，明确员工愿不愿意把工作做好。

5.4.4　绩效反馈说什么

成功的绩效管理离不开绩效反馈，HRBP根据员工的绩效考核结果进行有针对性的绩效反馈，能够帮助员工了解自己工作中的优势和不足，并明确改进方向。那么HRBP应如何组织绩效反馈？绩效反馈应该说什么？

很多员工的工作都存在着这样或那样的不足，而绩效反馈是指出员工这些不足，引导员工改进工作的重要方法。但HRBP如果态度生硬地和员工进行沟通，不仅起不到绩效反馈的作用，还会引发自己和员工的矛盾。因此，在进行绩效反馈时，HRBP需要注意自己的态度，并采用合适的沟通策略。

在此，HRBP有必要了解"三明治法则"，即把批评夹在两个表扬之间，使受批评者能够愉快地接受批评，如图5-8所示。

图5-8　"三明治法则"

"三明治法则"的第一层是肯定员工的工作，指出对方的优点或积极面；第二层是建议、批评或提出不同观点；第三层是鼓励、希望，提出改进方案，为员工设立未来目标。这种沟通方法不仅不会挫伤员工的自尊心和积极性，还会引导员工积极接受批评，并改正自己的不足。

下面我们通过一个例子来了解一下"三明治法则"。

韩城是北京一家公司的 HRBP，前段时间公司的月度绩效考核结束后，他发现销售部门的员工赵海本月的绩效考核结果较上月下滑严重，于是打算通过面谈的方式与赵海沟通一番，了解其工作业绩下滑的原因并指导其改进工作。

与赵海约定好面谈时间后，韩城认真整理了赵海近几个月的工作业绩情况，为之后的面谈做准备。到了约定的时间，韩城与赵海在办公室里开始了谈话。

在面谈一开始，韩城就表明了此次沟通的目的："这次沟通主要是针对你上个月的绩效考核情况进行一次绩效面谈。"

随后，韩城根据"三明治法则"对赵海表示了肯定："赵海，你一直是销售部门的优秀员工，此前几个月的绩效考核结果都十分优秀，甚至还曾获得过销售冠军。"（认可）

"但是，你上个月的绩效考核结果却十分不理想，销售总额较上上个月下滑20%，和同部门的其他员工相比，你的绩效考核成绩也比较落后，这是十分不应该的。"（批评）

听了韩城的话，赵海也十分羞愧自责，向韩城解释了绩效下滑的原因。原来，上个月月初公司推出了一批新产品，由于对新产品缺乏了解，赵海的销售工作难以推进，导致业绩下滑。

听闻赵海的解释，韩城表示了理解，并提出为赵海安排必要的销售培训，帮助赵海提升绩效。

最后，韩城对赵海说："你之前的绩效一直很好，这说明你的工作能力和工作态度是没问题的，相信经过这次培训，你的绩效一定能够更上一层楼，希望你能早日拿到下一个销售冠军。"（鼓励）

这次谈话之后没过多久，经过培训的赵海就恢复了对工作的信心，在下一次绩效考核中，赵海获得了一个好成绩。

一些 HRBP 在进行绩效反馈时并不知道自己应该说什么，总是觉得员工的工作出了问题就要批评，却没有思考过绩效反馈的成效。事实上，在进行绩效反馈时，HRBP 需要做的不只是批评，或者说，HRBP 需要通过合适的手段使员工接受批评。因此，在对员工进行批评的同时肯定员工的长处是十分重要的。

5.5 留住核心人才

HRBP 除了要为业务部门招聘、培养人才之外，还要注重人才的留任，这就需要 HRBP 制定合理的激励制度。HRBP 需要制定出"充分拉开差距"的激励机制，并打通人才发展通道，以激发人才的工作积极性，满足其自我发展需求，最终为企业留住核心人才。

5.5.1 "充分拉开差距"的激励机制

许多公司并不是招不到核心人才，而是留不住核心人才，往往人才在进入公司一段时间后，就会选择离开，原因就在于公司没有设计出有效的激励机制。核心人才对公司的付出更多，对公司的价值也更大，如果其薪酬与其他员工没有什么差别，那就会让其产生挫败感，最终离开公司。因此，要想留住核心人才，公司的 HRBP 就要设计出能够"充分拉开差距"的激励机制，体现出核心人才的价值，让核心人才获得更多的满足感。

激励机制是依托绩效管理而存在的，HRBP 需要将激励机制与绩效管理相结合，根据考核结果对人才进行激励。在这方面，根据强制正态分布法评估人才绩效并进行人才激励能够获得不错的效果。

强制正态分布法是根据正态分布原理，以"中间大、两头小"的分布规律对员工进行分类评估。在具体操作方面，HRBP 首先要确定好各等级在被评价员工总数中所占的百分比；其次，按照每个员工绩效的优劣程度，强制将其列入一个等级；最后，根据员工所在的不同等级进行奖罚，具体如图 5-9 所示。

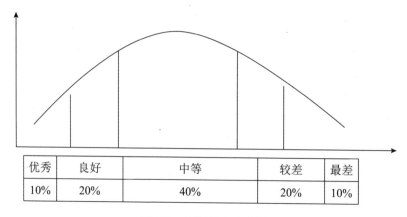

图 5-9 强制正态分布图

强制正态分布法有 3 个显著的优点。

其一是操作简单。这种方法适用于被考核人员较多的情况，HRBP 只需要确定各层级比例，通过简单计算即可得出结果。

其二是激励性强。强制正态分布法常常与员工的奖惩密切相关，即对绩效"优秀"的员工给予重奖，对绩效"较差"的员工给予重罚。这种正负激励的相互配合运用，能给员工强烈的刺激。

其三是区分显著。强制正态分布法会按比例把员工的等级区分开，并为不同的等级赋予不同的含义，能有效避免评估中过严或过松等一边倒现象。

目前，很多优秀的公司都采取了强制正态分布法进行绩效评估，其中效果最明显的是美国通用电气公司前任 CEO 杰克·韦尔奇绘制的"活力曲线"，如图 5-10 所示。

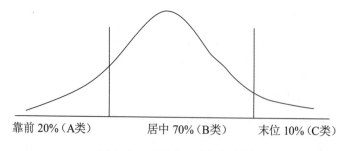

图 5-10 "活力曲线"示意图

杰克·韦尔奇按照业绩和潜力,将员工分成 A、B、C 3 个等级。对 A 等级的员工,他采用的是"奖励奖励再奖励"的方法,提高其工资、股票期权,并给予其职务晋升的机会;对 B 等级的员工,他会根据情况确认其贡献,并提高其工资;对 C 等级的员工,他不仅没有任何奖励,还会将其淘汰。

由此可见,员工激励不是盲目地、平均地激励每一个员工,而要根据员工的贡献,给予其对应的激励。通过激励手段,HRBP 可以把团队内部的高管和核心人才连接在一起,形成利益共同体,以便为团队创造更多的价值与财富。

具体来说,HRBP 在进行员工激励时要优先奖励两类人才。

首先,要重点激励已经为团队作出贡献的人才。这些人才曾经为企业的发展奠定了基础,提供了发展的经验。对这些员工积极激励,一方面能够让其认识到自己的价值,另一方面也能激励其他员工,提高他们的责任感与忠诚度,有利于团队的稳定。

其次,要奖励具有核心竞争力的人才。所谓核心竞争力,就是这些人才具有一技之长,能够为公司作出贡献。例如,有的人适合做电话销售,能够为公司联系到新客户;有的人适合做产品开发,能够促使公司的产品不断升级,提高产品竞争力;有的人适合做客户维护,能够提升客户的留存率。

在对人才进行激励时,HRBP 要讲究一定的技巧与策略,以达到事半功倍的效果,具体如图 5-11 所示。

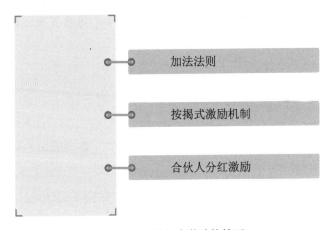

图 5-11　进行人才激励的技巧

1. 加法法则

在进行人才激励时，HRBP 要善于利用加法法则，即对员工超额完成的部分进行加倍奖励。这种激励方法主要适用于公司的销售人才。

2. 按揭式激励机制

按揭式激励机制是通过给人才设定美好的目标，让他们相信公司，为公司的发展发光发热。在采用这种激励方法时，HRBP 要综合考虑公司未来的发展状况，并全面审核被激励人才的综合素质。如果这两项不能保证，那么按揭式激励就是空谈。如果 HRBP 确定公司能够采用这种激励方法，并向人才作出了承诺，那就必须兑现承诺。

3. 合伙人分红激励

公司要进一步壮大，就要留住更多的人才。为了激励人才为公司发展而努力，HRBP 可以采用合伙人分红激励的方法。人才可以通过购买公司的部分股份成为公司的合伙人，由此也能够共享公司的收益。在使用这种激励方法时，HRBP 要做好人才的筛选，不仅要考察人才的能力和潜力，也要考察其对公司的忠诚度。

另外，有些业务简单、利润较高的行业，为获取更高利润，会盲目提升对人才的激励而不顾公司将来有可能会遇到的风险。为避免这种情况发生，HRBP 在设计激励机制时，必须平衡激励与风险之间的关系，促进公司良性发展。

5.5.2 设计好人才发展通道

移动互联时代，HRBP 为了培养并留住人才，必须提出科学的人才发展计划，设计好员工发展通道，即 HRBP 要注重员工发展，设计好人才培训体系。具体而言，HRBP 需要设计好以下三方面内容，如图 5-12 所示。

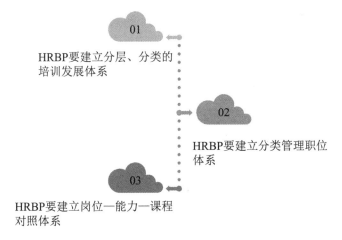

图 5-12 设计人才培训体系的主要内容

1. HRBP 要建立分层、分类的培训发展体系

分层即按高层、中层、一般管理人员、一线员工进行分层。分类即按不同的职位序列和不同类别的培训项目进行分类。针对分层、分类的培训管理，HRBP 要对各层、各类的培训进行系统化规划和分析，梳理出各层、各类的培训重点，同时还要加强新员工培训管理。分层、分类培训体系的核心是对培训进行系统化管理，梳理出培训重点关注对象；同时要层类结合，关注能力的培养和提升。

2. HRBP 要建立分类管理职位体系

具体而言，HRBP 要按照针对培训管理要求的职位体系进行分类。员工分类管理职位体系大致分为 6 个序列，分别是高层管理序列、技术序列、生产序列、业务序列、职能管理序列与新员工序列。

其中高层管理序列的培训重点内容有 5 项，分别是确定管理战略和方向、分析未来业务环境、确立竞争地位，确立方向、目标和战略，以及统一观念，激励组织。

确定管理战略和方向的目的：评价外部商业环境及其活动情况和趋势，开发长期业务方向、业务目标、总体战略和结构，将组织的机会和风险与其优势及能力进行平衡。

分析未来业务环境的具体工作内容：确认并评估总体市场/行业发展、关键依赖因素和驱动力、外部社会政治和经济趋势，构建并整合未来可能出现的情景，从而确认机会和风险，预测各种后果等。

确立竞争地位包含以下内容：分析当前业务组合，评估竞争地位，发现可持续优势，确立能够建立/保持的优势即建立/保持的方式，承认弱点，应用战略规划工具等。

确立方向、目标和战略的具体内容：确立总体业务目标（财务和定性）和方向，制定战略可选方案并作出选择；决定关键成功因素和实施战略，定义核心竞争力，定义配套的公司文化和价值等。

统一观念，激励组织的核心在于：就方向和战略进行沟通，提供激励，处理组织障碍，打破界限，统一目标，提高组织凝聚力等。

业务序列的培训重点内容如图5-13所示。

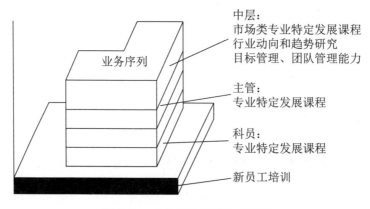

图5-13　业务序列培训重点规划

由图5-13可知，业务序列的培训重点内容包含4个层次，从高到低依次是中层培训、主管培训、科员培训以及新员工培训。其中，中层培训的重点是研究市场类专业特定发展课程、洞察行业动向和趋势研究，以及提升目标管理、团队管理能力；主管培训的核心是打造专业特定发展课程；科员培训的核心也是专业特定发展课程；新员工培训则是让他们快速入门，能够更好更快地上手一份新工作。

业务序列的培训需要寻找对行业有专门了解、长期合作的培训咨询机构来辅导。业务序列的培训以营销咨询性质为主要方式，HRBP可根据需要选择一家营销培训咨询公司长期合作。

技术序列的培训重点内容如图5-14所示。

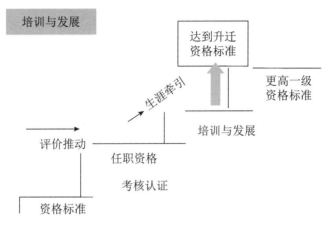

图5-14 技术序列培训重点规划

技术序列人才成长和保留的关键：打通技术职业发展通道，让技术序列人才除了走管理道路外，还有技术方向的职业升迁。技术序列的培训需要技术委员会设置技术等级标准、任职资格标准进行组织考核认证，同时还需要人力资源中心建立导师培养制度，制订培养计划，以及开设职业发展通道。

3. HRBP要建立岗位—能力—课程对照体系

如果培训不能做到有的放矢，那么培训就会显得盲目和凌乱。如果不知道各岗位所需的能力，就无法确定需要培养哪方面能力的课程。对比岗位—能力要求，HRBP可以对岗位人员进行测评，以确定哪种关键能力需要培养，确定培训目标。对比能力—课程要求，HRBP可以明确各种能力应通过学习什么课程来提高。由此可见，建立岗位—能力—课程对照体系势在必行。岗位—能力—课程对照体系模型如图5-15所示。

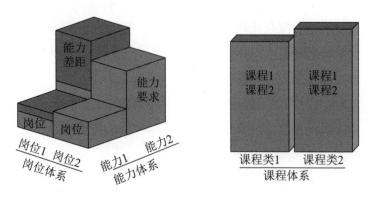

图 5-15　岗位—能力—课程对照体系模型

由图 5-15 可知，不同的岗位有不同的能力要求，对此 HRBP 要设置不同的课程实施差异化培训。对于不同的岗位，企业提出的要求也不同，HRBP 要根据培训对象、培训目的，从实际出发，与时俱进，充分与培训师沟通，灵活选择培训方法。只有突出针对性，才能对症下药，解决问题，体现培训价值。有针对性的培训能为企业下一步的培训计划打下坚实基础。

设计培训课程要先对企业的培训需求进行分析，围绕培训目的，突出针对性和实用性。HRBP 必须明确培训的不仅是知识和技能，同时也是企业文化的传递和员工主人翁意识的塑造，培训是在为企业和员工搭建双赢平台，企业造就人才，人才成就企业。在设计培训内容时，HRBP 要把企业需求、岗位要求和个人需求等要素结合起来，以确定培训的切入点与具体内容，从而把握培训的主要目标。

这样做能够避免千篇一律的集体式培训的弊端，真正做到因材培训，让人才能够发挥自身最大的价值，感受到工作的快乐，也感受到工作为自己带来的成长，以及因此而产生的成就感与幸福感。

第 6 章
人才盘点：算好团队人才"账"

每年到了 6 月或 12 月，许多企业的人力资源部门都会进行人才盘点。这时，HRBP 就需要回顾企业内部的"人才账本"，了解人才现状，为设计后备人才管理体系厘清思路。HRBP 需要明确人才盘点需要盘点哪些人，人才盘点的策略，同时据此设计企业的接班人计划。

6.1 人才盘点"盘"哪些人

在开展人才盘点之前，HRBP 需要明白人才盘点"盘"的是哪些人。人们往往把有德有才的员工称为"明星"员工，把有才无德的员工称为"野狗"员工，把任劳任怨的员工称为"黄牛"员工，把有德无才的员工称为"小白兔"员工。这些员工都是 HRBP 需要盘点的对象。

在进行人才盘点时，将员工按照"德"和"才"分为不同的类型，能够提高 HRBP 识人、用人的准确性。HRBP 可根据不同类型的员工，有针对性地对其进行管理。

6.1.1 "明星"员工：有才有德的员工

"明星"员工是能力突出、技术精湛的精兵强将，是企业的"顶梁柱"。HRBP 需要在人才盘点过程中找出企业内的"明星"员工，将其放在合适的位置，发挥其更大的价值。

什么样的员工才是"明星"员工？在企业内，如果一小部分人贡献了很大比例的产出，那么就可以被定义成"明星"员工。此处的产出包括员工的绩效、影响力等。

首先，HRBP 可以把工作绩效作为衡量标准，分析一个员工的绩效是否远高于其他员工，以此评价他是不是"明星"员工。例如，在对销售部门的员工进行盘点时，HRBP 如果发现某一员工的绩效远远高于其他员工，经常获得月度或季度销售冠军称号，那么他无疑就是销售部门的"明星"员工。

其次，HRBP 可以通过影响力来界定"明星"员工。有些员工并没有突出的工作绩效，但有远高于普通员工的影响力，如有较强的管理能力，能够号召、带领其他员工共同奋斗等。这样的员工同样是企业内的"明星"员工。

HRBP 应如何管理"明星"员工？管理"明星"员工是为了将这些人才留住，为此 HRBP 需要做好以下工作，如图 6-1 所示。

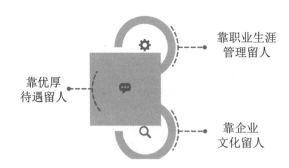

图 6-1 如何留住"明星"员工

1. 靠职业生涯管理留人

"明星"员工能力出众，往往也具有远大的抱负，如果在企业内看不到发展前景，那么他们很可能会另谋高就。因此，HRBP 需要为这些"明星"

员工做好职业生涯规划，为其安排适合的岗位、全面的培训，帮助其更好地发展和成长。规划职业生涯就等于为"明星"员工设计好了成功的阶梯，在这种情况下，大多数人才都会安心留在企业。

2. 靠优厚待遇留人

优厚的待遇是很好的留人手段，HRBP 应该针对"明星"员工制定出一套完善的中长期薪酬方案，薪酬水平应高于市场上同等岗位的平均水平。同时，HRBP 也可以为"明星"员工设计多样的福利，如额外假期、公费旅游等。

3. 靠企业文化留人

良好的企业文化能够提升员工的凝聚力和归属感，使员工和企业建立起"心理契约"。同时，"明星"员工在为企业服务时，除了薪酬等利益之外，也十分重视精神需求的满足。因此 HRBP 应重视"明星"员工的需求，让其能够通过各种宣传会议了解企业价值观和企业文化，通过团建、年会等感受到企业的和谐氛围，增强其对企业的归属感。

6.1.2 "野狗"员工：有才无德的员工

丁涛是某公司的一位销售人员，是销售部门的精英和骨干，业绩常常遥遥领先，多次获得"月度销售冠军"称号。但就是这么一位工作能力突出的员工，在公司最近一次的裁员中被裁了，这是为什么？虽然丁涛的工作能力很强，但常常不服从管理，我行我素，这让领导十分头疼，最终把他提上了裁员名单。

丁涛这样的员工就是典型的"野狗"员工，这样的员工工作能力较强，但很有自己的想法，不愿服从管理，在与人发生冲突时，往往只会关注自己的利益。具体而言，"野狗"员工有以下两个特点。

首先，"野狗"员工往往会固执地我行我素。很多"野狗"员工都将"牛羊才会成群，狮虎只会独行"这句话奉为真理，认为自己能力突出，就不应和其他员工打成一片。但这只是"野狗"员工的错误认知，他们错误地认为有能力的人都会单枪匹马作战，而实际上，真正有能力的人更讲究"合作"和"双赢"。在这种错误认知的影响下，"野狗"员工往往不听劝导、不服从管理，难以与他人协作。

其次，"野狗"员工缺乏共情力，不会站在别人的立场上思考问题。在与其他员工进行沟通时，"野狗"员工更关注自己的利益，更关注如何快速将工作做成，而不在乎他人的意见和利益。这使得"野狗"员工常常与他人产生矛盾，不利于团队和谐共进。

那么在面对"野狗"员工时，HRBP应该怎么做？

某公司销售部门有3个销售团队，每个团队分别有1个主管，前段时间，其中一个主管因故离职，部门经理需要从部门现有员工中选择一名优秀员工作为主管。针对这一问题，部门经理和部门中的HRBP进行了沟通。

HRBP经过一番调查考量，向部门经理推荐了员工张航，理由是张航的绩效表现一直比较优异，由他带领团队应该能够使团队的绩效更上一层楼。

听到这一建议的部门经理对任命张航犹豫不决。在部门经理的眼里，张航是一个典型的"野狗"员工，虽然业绩好，但做事从不讲规矩，和他沟通也比较困难。可在当前无人可用的情况下，部门经理也没有更好的选择，最终将张航调到了主管位置。

张航成为主管后，确实在一段时间内带领团队提升了业绩，但很快团队的业绩就开始直线下滑。在张航独断专行的管理下，团队的工作氛围十分压抑，不少对张航表示不满的员工纷纷离职。没过多久，原本十多人的团队只剩下七八人，绩效提升也无从谈起。

在面对"野狗"员工时，很多HRBP都会陷入矛盾，尤其是在企业人才相对匮乏的情况下，HRBP更会举棋不定。清除"野狗"员工会影响业绩，留着"野狗"员工又怕有隐患。但从上述案例中我们可以看出，"野狗"员工若不清除，最终会给企业带来更大的损失。

因此，HRBP应将"野狗"员工清除，即便在公司可用人才匮乏的情况下，也要慎用"野狗"员工，不要让其处于关键岗位。

6.1.3 "黄牛"员工：任劳任怨的员工

余大海是某互联网公司的员工，在公司工作3年以来，他的业绩不高不低，踏实肯干，在公司有紧急项目时，他也会积极响应公司的号召临时加班。3年里，和他一起进公司的同事有的成了他的领导，有的被公司辞退，而他还稳稳地在当初的岗位上，没有变动。

余大海无疑是"黄牛"员工的代表。这类员工往往只埋头干活，只要上级有要求，就会任劳任怨地将工作按时、按质完成。在领导眼里，这类员工极其可靠，也是推动企业发展的重要力量。

那么，在人才盘点过程中，将"黄牛"员工区别出来以后，HRBP应如何管理这一类员工？在设计解决方案之前，HRBP首先要对"黄牛"员工有充分了解。

通常在一个企业中，"黄牛"员工占比最多，他们的优点十分鲜明：对工作任劳任怨，能够保证百分百完成工作，在出现紧急状况时，也愿意主动加班解决问题。同时，他们对待工作的态度也十分积极，不会在公司中传播负面情绪。

和优点一样，"黄牛"员工的缺点也显而易见：由于长时间"低头走路"，他们的思维和眼光很容易固化，虽然对自己负责的业务十分熟悉，但对其他同事的业务或业务的上下流程并不了解，导致其在协助同事工作的时候，难以顺利开展工作。同时，由于其整天忙于完成业务部门的任务，没有时间进行新技术的学习和实践，无法使用一些新技术来解决业务问题、提升效率，限制了自己为公司发挥更大的作用、实现从普通员工向核心员工转变的可能性。

HRBP应如何对待"黄牛"员工？在业务方面，HRBP要协助"黄牛"员工跳出舒适圈，负责更多类型的业务，或者通过轮岗、跨部门协作等方式，增加"黄牛"员工和其他员工的合作和互动，使其看到整个业务链，充分理解每个业务的功能及其扮演的角色。这样"黄牛"员工才能够增长工作经验、增强对业务的理解，看到并改进自己工作中存在的问题。

另外，由于"黄牛"员工一般不善沟通，HRBP可以尽量减少其需要沟通的事务，利用其能沉住气、静下心的特性，安排其学习新技术或进行新产品开发。通过持续学习和实践，"黄牛"员工能够提升自己的工作能力，提高工作效率，在自我成长的同时也能够提高公司业绩。

6.1.4 "小白兔"员工：有德无才的员工

王瑞是一名刚刚毕业的大学生，由于综合素质不错，进入了一家销售公司，负责公司后端工作，主要工作内容就是配合前端完成销售。入职后，部门主管告诉他，做到三点就可以很好地完成工作：和前端同事充分沟通、推进项目进度、遇到处理不了的问题及时和主管沟通。

王瑞在培训上岗后，负责一些非重点客户的推进工作。

王瑞在工作一周后，很多项目都处于搁置阶段，没有进展。部门主管安排他写一个总结报告，在了解他工作问题的同时，也让他自己梳理一下手头工作。

第二周，王瑞的工作有了一些进步，但是和前端同事的沟通存在问题。由于害怕在沟通中犯错误，他总是习惯用聊天工具和前端同事进行沟通，在遇到自己不懂的问题时，也不好意思向同事询问，导致其工作存在不少疏漏。王瑞向主管提交的日报、周报内容合理，但项目描述总是不清晰。

部门主管指出了王瑞工作中的问题，要求他对项目进行细致梳理。王瑞也意识到了自己的问题，便主动和前端同事进行了面对面沟通，将项目进展和客户情况梳理了一遍，并建立了工作表。

第三周，部门主管决定让王瑞放手开展工作，同时对他犯错也做好了心理预期。但是这周王瑞既没有犯错，也没有明显进步。他的学习能力并不强，上周积累的工作知识，又遗忘了一些。旧的项目没有完成，新的项目又来了，这使王瑞有些手忙脚乱。

第四周，由于王瑞工作不给力，一些前端同事绕过他直接跟进客户。这时项目依然在推进，王瑞的周报也能够体现出每个项目的进度，但是他的很多工作都是别人完成的。事实上，王瑞每天都很忙碌，工作态度也好，但就是难以提高效率，工作停留在表面。

到月底考核的时候,王瑞的考核结果并不理想,也许是意识到了自己工作能力欠缺,在之后与部门主管的沟通中,他表示了离职的想法,部门主管也没有挽留。王瑞最终离开了公司。

王瑞就是"小白兔"员工的代表。在人才盘点中,HRBP 常会遇到这样的难题:对于工作态度很好、工作很勤奋,但是工作能力不强、业绩一般的员工,应该怎么办?

对于"小白兔"员工,那些人才盘点做得好的企业都会选择坚决清除。在每次进行人才盘点时,阿里巴巴就特别关注在公司工作多年,但没有晋升的员工,并将其清除。因为公司在快速发展,如果拥有越来越多的"小白兔"员工,就会影响新员工对公司的信任,甚至因为"小白兔"员工的存在,新员工难以有合适的岗位发挥更大的价值。

HRBP 应如何对待"小白兔"员工呢?一般需要遵循"双开原则",即先培养开发,后开除。

首先,HRBP 需要对"小白兔"员工进行培养开发。HRBP 需要针对"小白兔"员工制订人才培养计划,对其进行培养和训练,之后对其培训结果进行考核。"小白兔"员工的考核结果好,HRBP 需要对其进行奖励;"小白兔"员工的考核结果不好,HRBP 需要对其进行鼓励,然后再对其进行培训。对于连续考核结果不好的"小白兔"员工,HRBP 就要考虑将其开除了。

其次,在执行开除原则时,HRBP 不可心软,而要遵循一定的流程进行。如果"小白兔"员工有强烈的改变自己、提升自己的意愿,就会在培训中努力学习,提高自己的工作能力。而如果"小白兔"员工在培训中没有太大改变,工作能力没有提升,那 IIRBP 就需要按照规定将其开除。

6.2 人才盘点策略

了解了人才盘点需要盘点哪些人之后,HRBP 还需要掌握人才盘点的策略。HRBP 需要进行组织盘点,以了解组织的人才需求。同时,人才盘点需要遵循一定的步骤。在进行人才盘点时，HRBP 需要识别关键人才并警惕人才"误区"。

6.2.1　组织盘点是人才盘点的基础

人才盘点更重要的是摸清组织资源和人才资源的情况，准备好随时应战，或者随时准备好新的战略行动。人力资源其实经历了 3 个阶段：第一个阶段是人事行政，第二个阶段是人力资源，第三个阶段是人力资本。第一个阶段主要是为事情服务，第二个阶段是作为经营资源来进行管理，第三个阶段是作为企业资本来进行管理，这是目前很多公司转型的重点。

资源和资本的区别主要在两个方面。资源是使用后产生价值的，人力资源将人力作为财富源泉来看。人力资源是从潜能和财富关系角度来研究的，关注的是价值问题，是一个管理学概念。人力资本是指所投入的物资资本在人身上的价值体现，它是从投入产出角度来研究的，关注的是收益问题，属于经济学概念。

如果想从组织盘点的来龙去脉去了解，我们可以从 3 个角度切入：第一是整合的人才培养体系，第二是盘点体系，第三是组织盘点，三者呈现递进关系。其中盘点体系包括了人才盘点和组织盘点两部分。

所谓整合的人才培养体系是一个大的框架，主要是从人才和组织的关系入手，具体可以分为 4 个部分，其一是标准体系，其二是评价体系，其三是盘点体系，其四是发展体系。

标准体系关注人才标准，包括领导力标准、专业标准等，需不断调整更新；评价体系关注对个人能力的识别，了解人才现状（绩效，素质，潜力）等；盘点体系关注把个人能力放进组织体系，对人才效率和组织能力进行盘点；发展体系确保人才在分层的人才库中高效发展，对战略和未来负责。

具体来看，标准体系关注的是人才标准。例如，领导力标准及其权重、专业标准及其调整更新。调整更新的前提是内部结构的优化。第一个是组织架构对人才的要求发生变化，第二个是人才本身的特点发生变化，第三个是整个市场的人才特点发生变化，特别要考虑竞争对手的人才生态链里的人才变化，从而不断调整更新我们的人才标准。

评价体系关注的是人才的个人能力，尤其是素质能力。

盘点体系关注的是把个人能力放进组织体系，因为它是一个有机结合体，所以要兼顾组织与人才，使它们能够相得益彰，共同发展。

发展体系确保人才可持续发展，要对战略和未来负责。

发展体系就是进阶与升级。一般遵循透明公开的原则，特别是评价数据要做到客观。人才只有在健全的发展体系里才能够健康发展、高效工作。

组织盘点是整个盘点体系的基础架构，只有对组织做好盘点，人才盘点才会更加高效。因为人才是要放在组织里去评价的，而且人才在组织里才能得到迅速发展。只有了解了组织盘点，HRBP 才能更好地对正在进行的人才盘点的标准制定作出客观评价。

传统企业的组织变动相对较少，但是现在互联网企业的组织变动的速度较快。一些 IT 行业可能两年左右变一次，甚至一年变一次。所以，HRBP 也必须从人力资源向人力资本过渡，进行资产盘活和资产运营。

人才资本是一个经济学概念。HRBP 进行资产盘活和资产运营需要有大量的优秀人才，同时还需要进行人才导向的反向组织盘点。一方面，因为组织需要，HRBP 要去对核心人才进行盘点，另一方面，非常优秀的人才一般会脱离组织架构。由此，HRBP 要进行反向组织盘点，或者说升级传统的组织盘点。

好的组织结构有利于战略落地。组织结构的管理是 HRBP 战略管理和战略执行的一部分，所以 HRBP 到了总监级别就不单单会考虑人才管理，还需要对组织管理承担一定的责任，特别是需要对组织发展负责。

HRBP 首先需要对组织结构和氛围进行判定和审计。组织结构与氛围的盘点以及组织审计落地是 HRBP 进行组织盘点的前提。

其次要对组织结构信息进行盘点。要明确哪些岗位是关键岗位，哪些职位是关键职位，当前任职者信息，岗位编制状况与组织氛围，任职者的工作地点，以及关键岗位的核心职责。这是组织结构信息盘点的核心。

HRBP 还要做好对组织的宽度排位。宽度包括高管人数、高管在全体员工中所占比例，以及管理层占据全体员工的比例，这个比例代表的是组织的扁平化程度。

组织氛围的审计可以通过测评工具来完成。其中一种是满意度测评，通过对员工的满意度以及敬业度进行调研来了解组织氛围。员工的满意度与敬业度要与企业的绩效挂钩。

6.2.2 人才盘点的关键步骤

HRBP应如何开展人才盘点工作？开展人才盘点工作需要遵循一定的方法和步骤，如图6-2所示。

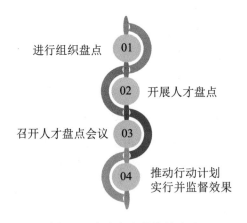

图6-2　人才盘点的关键步骤

1. 进行组织盘点

组织盘点即根据公司发展战略和市场竞争状况，分析和思考以下问题。

第一是基于公司发展战略，分析当前的组织架构，如职位设计、职责划分是否合理，是否需要调整及应该如何调整；第二是从组织效率最大化方面来分析组织架构是否存在不足；第三是分析组织架构设计是否存在业务或者职责的遗漏；第四是分析管理层的规模与直接下属的规模及管理幅度是否合理；第五是分析组织的生产效率和整体氛围。

2. 开展人才盘点

人才盘点就是对关键岗位的人才进行测评。人才盘点整体需要经过3个阶段，分别是建立素质模型、人才素质盘点评估和建立长效机制。

在第一阶段，HRBP 要做好两件事情：其一是做好人员分类，其二是做好员工素质访谈与素质分析。在确定人员分类时要确定各类人员的角色定位，在进行人员访谈时要确定各类人员的胜任力素质模型，同时还要明确建模的方法以及工作计划。

素质访谈与素质分析需要科学的方法，战略分析和人力资源解码、绩优管理人员关键事件访谈、专家小组座谈和访谈信息解码都是很有效的实践方法。

第二阶段的主要内容是进行素质盘点评估，评估要点有 3 项，分别是确定各类人才的评估要项，制定各评估要项的测评方法及评估题库，选举关键人才进行评估测试。

第三阶段的主要任务是形成应用机制。在具体实践过程中，HRBP 要进一步修正，建立人才素质盘点评估方案；要建立关联机制，将评估结果与职业发展、培训，以及绩效管理结合起来。

3. 召开人才盘点会议

召开人才盘点会议是人才盘点的关键部分，HRBP 需要向公司管理者提出召开会议的申请并准备好汇报内容。人才盘点会议的参会人员一般包括公司管理者、各部门负责人和 HRBP。

在会议上，HRBP 需要汇报以下内容：

（1）此次人才盘点计划的完成情况；

（2）目前组织架构的具体情况，包括人员编制是否合理，是否存在空缺岗位，组织运行效率如何，管理幅度是否合理等；

（3）人才盘点结果，包括人才的绩效、潜力、排名情况及每个人的发展计划；

（4）岗位的继任计划；

（5）高潜人才的培养计划；

（6）未来人才的关键岗位需求；

（7）组织架构与人员的调整计划。

根据以上汇报内容，HRBP 需要和公司管理者及其他部门负责人共同探讨并确定人才盘点之后的行动计划。

4. 推动行动计划实行并监督效果

人才盘点结果应转化为具体的人才发展规划。HRBP 需要根据人才盘点结果确定未来行动计划，明确每一项内容的负责人、完成时间和检验标准。主要内容包括根据人才盘点结果，谁应得到晋升和发展，轮岗计划如何安排，培训计划如何展开等。同时，HRBP 需要跟踪行动计划的实施效果，对关键环节进行推动和跟进，以保证行动计划落到实处。

6.2.3 如何识别关键人才

识别关键人才是 HRBP 的基础工作。在识别关键人才时，HRBP 需要坚持三步走策略，具体内容如图 6-3 所示。

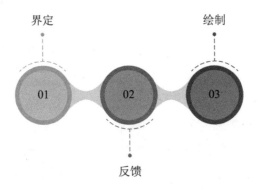

图 6-3 HRBP 如何识别关键人才

识别关键人才需要经过界定、反馈、绘制 3 个步骤。关键人才的界定是其中最复杂的工作，包括绩效级别的界定、能力级别的界定和潜力级别的界定。

衡量绩效的维度是多元的，具体内容如图 6-4 所示。

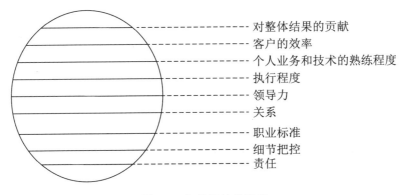

图 6-4　衡量绩效的维度

由图 6-4 可知，衡量绩效的维度可以分为 9 个部分，分别是：对整体结果的贡献、客户的效率、个人业务和技术的熟练程度、执行程度、领导力、关系、职业标准、细节把控以及责任。

第一个层面是对整体结果的贡献。毕竟企业的运营是要用最少的资源去获取最大的成果，而且这个结果还需要能够用数据来衡量，所以 HRBP 要重视这一维度。

第二个层面是客户的效率，在互联网行业也可能是用户的效率，最重要的是利益方的效率。

第三个层面是个人业务和技术的熟练程度。这其实主要是对员工的专业程度进行衡量。

第四个层面是执行程度，其实这个角度更多的是从员工的敬业度去考量。

第五个层面是领导力。这个因素很多公司没有考量，实际上很重要，优秀的领导者能够让整个公司充满奋发向上之力。

第六个层面是关系。更多的是员工能够把自己与上下游伙伴的工作关系搞定，为自己带来正能量。

第七个层面是职业标准，这是以制度和流程为导向的。例如，客服、售后技术支持、物流仓储等能够提升客户的体验，最终降低成本。

第八个层面是细节把控。所有卓越的企业和个人其实都在追求进步，特别是战略的进步和细节的进步。战略是属于高管层的事情，细节是属于所有人的事情。会议管理与项目管理其实都离不开细节把控。

第九个层面是责任。责任心是衡量一个人敬业度的最大因素。责任心可以帮助企业完成自己对客户作出的承诺。靠谱就是责任心，即凡事有交代，件件有着落，事事有回音。

人才的能力主要从3个维度衡量，分别是责任心、忠诚度和积极主动性，具体如表6-1所示。

表6-1 衡量人才能力的3个维度

考核项目	定　义	衡　量　标　准	评　分
责任心	认可自己的工作职责，主动采取行动去完成这些职责，并勇于承担责任，设法解决问题	A.主动承担工作责任，全力以赴完成工作任务，并确保工作成果，能够提出有创新性的工作方法，勇于从正面角度去反映不同意见。 B.主动承担工作责任，努力完成工作任务，力求工作有成果，能够提出新方法促进工作的进行与完善。 C.主动承担工作责任并完成工作任务，具有一定的责任感。 D.以领导检查为工作导向，不能积极主动地承担工作任务，需经常监督检查。 E.被动工作，经常偷懒，需不断监督检查，有内部失职行为	AB评分：上 C评分：中 DE评分：下
忠诚度	对工作、团队、组织的信任以及忠实的程度	A.忠实于公司利益，积极主动影响组织成员忠诚于公司，主动搜集对公司内部有利的信息，并积极提出优秀的建议。 B.忠实于公司，对危害公司利益的行为进行批评与纠正，并采取适当措施防范。 C.忠实于团队，对团队成员充分信任，积极维护团队的利益。 D.忠实于本职工作，不做任何有损团队利益的事情。 E.忠实于本职工作，不做违反道德的事情	AB评分：上 C评分：中 DE评分：下
积极主动性	在工作中自觉努力、积极有效地完成工作任务	A.对自身工作能够独立地制订计划、组织资源、推进实施完成，同时积极主动支持团队开展工作，能够营造积极主动的文化氛围。 B.提前主动安排自己的工作计划与任务，并按计划完成工作任务，对工作问题提前进行预防，妥善处理，并积极主动地协助同事完成分内的各项事宜。	AB评分：上 C评分：中 DE评分：下

续表

考核项目	定义	衡量标准	评分
积极主动性	在工作中自觉努力、积极有效地完成工作任务	C.上级安排任务时能够有效配合确定工作计划，并按计划完成工作任务；同时能够积极处理工作上的各项事宜。 D.按自己的职责做事，工作任务大都能够完成，同时对工作中出现的各种问题都能够作出回应并予以处理。 E.工作被动，听上级安排，安排什么做什么，没有一丝主观能动性	

人才的潜能主要从领导技能、时间管理以及工作理念这3个角度进行衡量。不同等级的员工也会有不同的衡量标准，具体内容如表6-2所示。

表6-2 不同等级员工的潜能判断

等级	指标维度
一线主管	工作计划、知人善任、分配任务、激励员工、教练辅导、绩效评估
	时间规划
	管理者工作意识
部门经理	甄别人才、授权能力、评估一线经理、教练辅导、全局性思维
	时间规划
	管理者思维
事业部副总经理	突破专业、沟通技巧、内部协作与竞争、制定职能战略能力
	花时间学习专业外的知识
	大局意识，重视未知领域
事业部总经理	战略规划、管理不同部门、多方协调、利益平衡与协调、长短期目标平衡、欣赏支持性部门
	虚实结合
	盈利视角
集团高管	评估财务预算和人员配置、教练辅导、评估投资组合策略、评估资源与核心能力、发现与管理新业务
	大量沟通
	善于学习、间接成功

总之，HRBP需要从绩效维度、能力维度以及潜力维度对关键人才作出分析，以此进行科学判断。

反馈既包括领导力发展的反馈,还包括集体反馈。领导力发展的反馈,尤其是关于中高管和高潜人才,HRBP要极其重视。集体反馈的核心是HRBP要帮助在职员工进行绩效与自我领导力的发展与培养,激励他们与时俱进。

界定与反馈之后,HRBP要进行绘制工作。绘制的主要内容是根据相应的数据进行人才地图的绘制和继任计划的制订。人才地图的绘制需要前往人才市场去搜寻人才,继任计划则与之不同,主要是企业内部人才地图的构建与绘制。

6.2.4　警惕人才"误区"

在进行人才盘点的过程中,HRBP需要避开人才"误区",即避免错误的人才观,树立科学的人才观。

HRBP在进行人才招聘与选举时,常见的误区有两个,分别是"唯学历"和"求通才"。以上方法在传统时代往往能够为企业招到素质较高的人才,但在移动互联时代却并不适用。

通常而言,随着教育程度的提高,人们的能力也会得到提高。所以,学历与能力之间确实存在密切的关系,但两者却不是完全等同的,所以鉴别人才不能"唯学历"。

虽然"唯学历"不可取,但采取一刀切的方法追求"不唯学历"则更不可取。HRBP在思想上及具体的招聘工作中不能从一个极端走向另一个极端。HRBP要明白学历是鉴别人才的一个标准,但并不是唯一的标准。由此,HRBP要学会判断与取舍,不再一味地追逐高学历人才,而是要更加注重招聘到的人员的工作能力与工作经验,在此基础上适当兼顾高学历人才。

同时,如今许多大型互联网公司都在培养"复合型人才"。由此,许多HRBP也陷入了一个招聘的误区。他们争相招聘通才,认为这样能够为公司创造更大的价值。实则不然,常言道"术业有专攻",通而不专的人才,往往不能够在某一领域内有更精通的造诣。反而是专业的人才能够在专业领域术业有专攻,为公司带来更大的价值。

此外，在管理学界有一句名言：垃圾就是放错了地方的人才。HRBP 更应该以此为警戒，把专业的人才放到更合适的地方，从而发挥他们的最大价值。汉高祖刘邦曾言："运筹帷幄之中，决胜千里之外，吾不如子房。镇国家，抚百姓，不绝粮道，吾不如萧何。连百万之军，战必胜，攻必取，吾不如韩信。此三者，皆人杰也，吾能用之，此吾所以取天下也。"由此可见，用人不能"求全"，而是应该关注人才的长处并发挥他们的长处。HRBP 应该向刘邦学习，向伯乐学习，为企业招收到最合适的人才。

由此，HRBP 必须用人所长。因为不同的岗位有不同的要求，不同的人才也会存在相应的特长。HRBP 要学会根据不同的岗位与要求，选拔更合适的人才，同时要根据他们的特长，为他们安排最适宜的岗位，做到人尽其才、人岗匹配。

6.3 接班人计划

接班人计划是公司为了完成业务目标，推动战略的有效执行而进行的人才布局，也是人才盘点的关键应用。HRBP 需要根据人才盘点结果制订核心岗位接班人计划、部门经理接班人计划，并设计好后备人才管理体系。

6.3.1 核心岗位接班人计划

某互联网公司经过两年多发展，运营趋于稳定。公司的发展离不开技术人才、运营人才的支持，为了激励、留存人才，公司的 HRBP 在老板刘康的授意下为员工制定了完善的薪酬福利体系。在刘康看来，这样公司就能够长久地稳定发展下去。

谁知，前段时间公司的一位技术主管向刘康表示，因为个人原因，准备离职。刘康顿时慌了手脚，这位主管管理着公司一个重要的研发团队，而且团队也正在进行一项新产品的研发。在这个关键时刻，主管离职了，团队还怎么运行？

刘康马上向HRBP下达了招聘任务，可谁知道主管离开一个月了，HRBP也没有招到合适的人选。无奈之下，刘康只得提拔了该团队中一名能力突出的员工做该团队的技术主管。

而这位新上任的技术主管由于没有经过专业培训，缺乏团队管理经验，难以合理安排团队中的各项工作，使得产品研发项目最终失败。

在上述案例中，该项目失败的原因表面看来是主管离职，但本质上却是刘康和公司的HRBP没有为核心岗位员工的变动风险做好预案，没有提前制订好核心岗位接班人计划，导致团队无人可用。这是HRBP工作的失职。

HRBP需要根据人才盘点结果制订出核心岗位接班人计划，确定核心岗位的潜在接班人，并对其进行有针对性的培养。具体应该怎么做？

首先，HRBP需要确定核心岗位。公司里的每个核心岗位，如核心技术岗位、核心管理岗位等都必须有其相应的接班人计划。

其次，HRBP需要建立候选人才池，确定潜在的核心岗位接班人。HRBP可以根据人才盘点结果确定公司内部的潜在人才，也可以从外部引进人才。每个核心岗位可确定1～3个候选人。

再次，HRBP要对候选人进行培养。HRBP可通过集中理论讲授、轮岗实训的方式对候选人进行培养。即先为候选人设计理论学习课程，组织候选人集中学习，然后再安排候选人进行轮岗训练，考察候选人的实战能力。同时，在培训、轮岗各阶段，HRBP都需要做好对候选人的考核，优中选优。

最后，HRBP需要协助接班人做好交接。接班人上任后，对新工作岗位会有一段时间的适应期，在此期间，HRBP需要协助接班人做好工作交接，并及时为接班人提供必要的帮助，使其尽快适应岗位、开展工作。

6.3.2 部门经理接班人计划

除了制订核心岗位接班人计划为业务部门储备核心人才外，HRBP还需要制订部门经理接班人计划为业务部门储备管理人才。部门里除了部门经理之外，应该还有其他能承担管理责任的员工，他们能在部门经理调职、请假、出差时迅速接替其工作,保证部门稳定运转。

在寻找、确定部门经理接班人时,HRBP 需要做好以下几个方面的工作,如图 6-5 所示。

图 6-5　HRBP 怎样寻找、确定部门经理接班人

1. 寻找忠诚的、高潜力的接班人

能代替部门经理管理部门的接班人必然要在部门中有一定的威望,而且在某一方面能力突出,能够让其他员工信服。

首先,这个接班人的工作业绩一定要好。虽然业务能力的好坏不能代表管理能力的高低,但一个被认为具有"高潜力"的人,通常在面对任何挑战时,都能出色完成工作。一个能出色完成工作,并且在关键时刻"不掉链子"、干劲十足的人,又怎么会没人信服呢?

其次,接班人要忠于部门和公司。部门经理不同于一线员工,他们承担着确定工作方向、作出决策的责任,也就是说他们的失误带来的后果史严重。因此,选择一个忠诚的接班人至少能保证其作出的决策都是有利于部门和公司的,不会偏离公司的大目标。

2. 培养几位不同类型的接班人

很多 HRBP 会不自觉地倾向于培养和自己类似的人,原因是对他们更信任,因为人的本能就是会更信任与自己同一种族、同一文化背景、相同教育经历或兴趣的人。这些与自己类似的人会让 HRBP 有一种舒适感,更愿意与他们接触。

但是,如今的市场环境竞争激烈,HRBP 在确定接班人时不能只凭借感觉,而要培养多元化人才来满足市场需求。因此,HRBP 需要协助部门经理为其培养几位不同类型的接班人,以应对多变的市场。

3. 从基层开始,培养资历

如何培养一位有能力、能服众的接班人?第一步就是让他从基层做起,培养资历。基层工作是职场工作的基础,更是晋升的重要参考。从基层工作做起,有利于接班人深入了解一线工作的实际情况,从而在未来能制订出更贴合实际的行动计划。另外,基层员工人数最多,从基层历练上来的管理者,更了解团队和基层员工,更能服众。

工作的实际情况包括 4 个方面:一是基层工作涉及的人、事、物;二是基层工作的具体流程、关键环节和细节;三是基层工作存在的潜在风险;四是基层员工的生存状态以及他们的需求和痛点。

HRBP 掌握这些情况,可以让接班人在成为部门经理后有效抓住基层工作的关键点,对现有基层工作的不足进行改进,从而作出更加合理的决策。

从接班人的个人发展来说,从基层做起,能看出他是否具备超凡的素质和能力,并且在正式成为管理者后也能免去很多质疑。而且这些从基层被一路提拔的人,更会感恩公司的知遇之恩,对公司也会更加忠诚。

4. 从轮岗开始,锻炼能力

轮岗制度对锻炼接班人能力有着积极作用。

(1)习惯保持紧张的学习状态

长年累月待在同一个岗位,每天重复相同的工作,员工很容易进入疲劳期。随着工作越来越得心应手,接班人往往会形成惯性思维,按照经验去处理问题,很少再去思考新的解决方法。这不利于接班人形成开阔的视野和全局思维,也容易降低他们的学习能力和欲望。

然而，换了一个岗位后，面对全新的工作，接班人要想发挥作用，就必须主动学习，尽快适应，进入状态。这相当于接班人被动走出了工作疲劳期，进入一个新的阶段，重新开始成长。不断轮岗能让这种积极的状态持续保持，接班人也能加速成长。

（2）积累跨领域的方法经验

岗位不同，工作方式也有差异，其中有值得借鉴的经验，也有需要舍弃的陋习。接班人的岗位长久保持不变，就难以发现其他岗位工作中存在的问题。但如果接班人经历过轮岗，那就可以从全局出发考虑问题，打破部门中的陋习。

HRBP可根据以上几个方面确定部门经理接班人的人选，并针对其制订培养计划。在这一过程中，HRBP要和部门经理保持沟通，随时倾听对方的反馈和意见。

6.3.3 设计企业后备人才管理体系

HRBP需要根据人才盘点情况设计好企业后备人才管理体系，在利用好现有人才的同时做好人才储备，当在岗人员出现变动时，能及时补充储备人才，实现人才的更新和补给。设计后备人才管理体系的作用体现在以下几个方面。

1. 保证关键岗位人才的持续供给

关键岗位人才掌握着核心技术，在企业生产经营中具有重要作用。关键岗位人才可能会由于升职、退休等原因离职，导致岗位空缺。而设计好企业的后备人才管理体系，能够确保关键岗位人才的持续供给，避免因为关键岗位人才空缺带来的消极影响。

2. 优化企业的人力资源结构

随着社会的进步和科技的发展，企业发展过程中需要的知识与技能也在不断更新。而有些企业的一些关键岗位的员工可能没有持续学习，难以继续胜任工作，这时后备人才管理体系能够较好地解决这个问题。企业可以对后备人才进行选拔，选择具有任职资格的人才补充到关键岗位上，不断更新关键岗位的任职人员，使企业内的人力资源结构日益完善。

3. 激励员工不断进步

科学的后备人才管理体系包括为后备人才设计科学的职业生涯规划，能够使后备人才明确自身发展方向，并且能够通过职业发展通道实现晋升。这能鼓舞员工的士气，促使企业和员工共同成长。

设计后备人才管理体系对于企业而言十分重要，HRBP 在设计后备人才管理体系的过程中，需要综合思考以下几个方面。

（1）企业战略。企业战略是企业发展的目标，企业的一切活动都应基于此目标开展。后备人才管理体系的设计也应以企业战略为出发点。在建立后备人才管理体系时，HRBP 需要明确企业战略，明确人才发展思路，在此基础上对后备人才进行选拔和培养。

（2）企业文化。良好的企业文化能够促进后备人才管理体系的良好运行。企业应形成公平公正、积极向上的文化环境，鼓励优秀员工进入后备库并接受企业的培养。

（3）企业规模。企业的规模决定了后备人才管理体系的具体设置层级、覆盖的岗位和具体的人才数量。企业规模越大，后备人才涉及的岗位越多，人才储备越多，人才管理体系也越庞杂。

（4）后备人才管理体系的配套制度。要想设计好后备人才管理体系，HRBP 就要设计好与之相关的配套体系，如完善的人力资源管理体系、完善的员工职业生涯规划和晋升体系等。

以上几个方面影响着后备人才管理体系的实施效果，HRBP 应综合考虑，统筹安排，保证其实施效果。

在把握以上要点后，HRBP 还需要设计出完善的后备人才管理体系。具体来说，后备人才管理体系包含 4 个方面：管理政策，培养计划，任职能力评价，薪酬管理。

管理政策是后备人才管理体系的核心。其明确了哪些岗位需要后备人才，以及人才储备数量，并在这些人才的发展路径规划方面提出指导意见。

培养计划指的是对后备人才进行有针对性的培养，避免人才储备形式化。除了组织后备人才进行统一的学习培训外，HRBP 也可以通过职位轮换调动给予后备人才更多的实践机会，使其充分了解企业各岗位。

任职能力评价指的是结合后备人才要求的任职标准，对其任职能力进行评价。HRBP 可以通过一系列对比分析，评估后备人才能够胜任什么岗位，并据此对其进行任用和调动。

为了留住后备人才，HRBP 需要建立针对后备人才的薪酬扶持政策。即 HRBP 需要考虑，哪些岗位的薪酬可以调高，后备人才在横向调动时是否需要调整薪酬等。

人才是企业发展的保障，同时后备人才管理体系的建设及后备人才的成长直接关系着企业发展。HRBP 要想满足企业的长期用人需求，完善的后备人才管理体系必不可少。

6.3.4 IBM：把员工培养成"将军"

虽然说不想当元帅的士兵不是好士兵，但是如果不为士兵提供一定的条件，普通士兵很难成为将军。IBM 就是一个可以把士兵培养成将军的地方，这个企业为打造具有领导力的后备军准备了一条人才新干线。

IBM 的后备力量主要是从两个方面开始准备的：一方面是从中国区几千名员工队伍中挑选出 15%～20% 表现优秀的人才，另一方面是在领导梯队内部确定每一个关键职位的接班人，有针对性地制订培养计划。

IBM 指派由一些高级经理和技术人员组成的委员会对一些关键职位的候选人进行评估。在人才任用方面，IBM 可以通过内部人才市场计划把所有空缺的职位先对员工公开，在充分沟通的基础上，基于职位标准和个人兴趣进行选择。

IBM 在选拔人才的时候会让这些人才承担起更重要的责任。当一个人了解到自己是未来接班人的时候，会明白这是公司对自己的重视，自己拥有了更多的机会和发展空间，因此会更加自信和努力。

在 IBM 内部流传着这样一句话："无论你进 IBM 时是什么颜色，经过培训，最后都变成蓝色。"仔细看，IBM 人虽然都是蓝色，但是深浅不同，职位越高，蓝色越深，人数也就越少，这样就形成了一个按规律分层的金字塔。

这个金字塔也构造了一个比较成功的竞争机制，工作时间越长，员工越容易了解对方，从而使员工的生涯发展与公司的业务发展成为一个互动和优化的状态。IBM 的员工都是从塔底往上走，而一系列严谨的流程也能把颜色深浅不同的人配置到准确的位置上。

一个企业的高管突然离开，一定会对企业有影响，因此 IBM 特地制定了基于"长板凳"的接力棒行动。也就是说，IBM 内一个领导人想要离开或者是升迁，需要提前找好接班人。"长板凳"这个词来源于美国，在举行棒球赛的时候，旁边都会放着长板凳，上面会坐着很多替补球员，每当比赛需要换人时，长板凳上的第一个人就会上场，第二个人再坐到第一个人的位置上。通过这种接班人计划，IBM 使得企业领导人有备无患，从基层再到高层，优秀的接班人连绵不断。

由于接班人的成长和自己的位置与未来发展有着直接关系，所以经理级员工会尽力培养他们的接班人。IBM 还要求一些管理岗位的员工将培养手下员工作为自己业绩的一部分，而每一个主管级以上的员工在上任的时候，还会有一个硬性指标，那就是确定自己的位置在一两年后由谁接任，突然离开之后谁可以接任，以此来挖掘有才能的员工。

除此之外，IBM 每个重要的管理岗位，还会有两个以上替补人员，这样任何一个重要岗位都不会因为某个人的离开出现空缺，而对公司造成不良影响。

IBM 的接班人计划是有一个梯队的，除了要在一些重要岗位准备两名以上接班人，还会在中华区按照 20% 的比例，从中高层管理接班人中挑选 100 名未来领导人。对未来领导人的选拔是由 IBM 中国最高级别领导层执行，对他们的选拔依然坚持全方位考评的方式。

IBM 领导应该具备的能力主要包括：必胜的决心和洞察力，执行能力，直言不讳的勇气，团队精神等，后来又对领导能力做了补充，包括建立客户伙伴关系、跨组织影响力、培育人才、发展社区、赢得信任、明智决策、勇担战略性风险等。这些指标都是 IBM 选拔领导人的标准，IBM 每年都会按照上述标准对一些管理人员和领导者进行评估。

IBM 还从全球 3000 多个总监级别以上的管理人员中选出 300 名最优秀的人才，作为明日之星，每年都对这些明日之星进行总结和评估，这一评估过程通常从 3 月开始并持续到夏季，每个星期都会组织会议，评价每个业务部门领导者的表现。

IBM 还自己设计管理培训课程，如果发现这些明日之星在某个方面能力不足，就会让他们去美国的培训中心接受相应的课程培训。培训中心相当于一个校园，离 IBM 总部很近，IBM 很多分公司的高层都曾在这里接受过培训。

IBM 一直坚持内部经验的传送，公司高层每期都会针对这个内容做演讲，将自己的期待和经验分享给其他员工。对于各个地区的"明星"员工，IBM 会制订专门的指导计划，这个指导计划会深入总部之外的各个分部。

一个员工最终能否被 IBM 留用，最重要的是看这个员工的态度、理念、工作习惯以及价值观是否和公司相符，或者说这个员工是否有公司价值观特质，只有相信公司理念，或者愿意为这样的理念做贡献的员工才值得留下。

第 7 章
组织诊断:保证健康的组织架构

企业的组织架构不是一成不变的,当市场环境变化、企业发展阶段变化时,企业的组织架构也应随之调整。同时,当业务难以开展、企业发展遇到瓶颈时,HRBP 也应该思考如何在组织上寻求突破。组织诊断是 HRBP 的重要工作,为了做好组织诊断,HRBP 需要掌握组织诊断的工具,分析组织职能,根据需要进行组织架构调整。

7.1 基于 HRBP 的组织诊断

HRBP 在进行组织诊断时,首先需要明确组织需要,再根据组织需要调整组织架构。同时,HRBP 不应被问题表象所迷惑,要学会透过现象看本质,并使用合适的方法,找出组织问题。

7.1.1 并非所有组织都适合 HRBP

HRBP 是随着人力资源部门的升级而出现的,与 HRBP 相伴而生的还有人力资源共享中心 SSC 和人力资源专家 COE。在 HRBP 这一概念火热的当下,许多企业都对自身人力资源组织进行了调整,构建了人力资源三支柱模型,组建了 HRBP 团队。

HRBP 和传统 HR 的区别就在于对业务的了解程度。HRBP 是人力资源部门与业务部门沟通的桥梁，他们既熟悉 HR 的职能领域，又了解业务需求；既能协助业务部门经理做好人力资源管理，也能发现业务部门存在的种种问题，并针对问题和人力资源专家进行沟通，从而更好地解决问题。

那么，所有组织都适合设置 HRBP 岗位吗？答案是否定的。集团化、业务多元化的公司更适合设置 HRBP 岗位。组织架构的演变和人力资源发展的成熟度有关。发展成熟、业务模式复杂、采用事业部组织架构的企业，应考虑建立人力资源三支柱模型，设置 HRBP 岗位。

同时，并非把人力资源部门调整成三支柱模型，才可以设置 HRBP 岗位。即使没有建立三支柱模型，或不调整当前的组织架构，仅增加 HRBP 岗位也是可以的。此外，三支柱模型中的人力资源共享中心 SSC 和人力资源专家 COE 都可以通过外包实现，并非一定要在组织内设置相关岗位。

人力资源的组织架构设计和管理模式选择，一定要符合组织发展目标。只有这样，HRBP 才能更好地理解、深入业务，发挥自身的更大价值。

7.1.2 诊断思维，透过现象看本质

李林是某互联网公司的 HRBP，主要工作是协助产品研发部门开展工作。这天，产品研发部门经理找到他，表示最近部门内技术人员流失严重，要求他马上开始招聘工作，并适当调整部门的薪酬体系，以留存员工。

李林感觉十分困惑，因为产品研发部门的薪酬是处于行业平均水平之上的，薪酬可能不是技术人员离职的主要原因。于是他针对这一问题进行了诊断和调查，最后发现，技术人员流失是因为部门项目推进不畅，而项目推进不畅的原因是部门同时开展了多个项目，使得单个项目的资金、人力等资源支持不足。

了解到问题产生的根本原因后，李林又和部门经理进行了沟通，最后得出的解决方案是澄清部门发展战略，聚焦优势领域，砍掉优势不大的项目，使其他重点项目更好地推进。果然，经过这样一番调整后，部门内的资源配置得到了优化，技术人员对工作的满意度也大大提高。

在上述案例中，李林通过层层分析，找到了技术人员流失的根本原因，提出了有效的解决方案。同样，在进行组织诊断时，HRBP 也需要进行思维诊断，即学会透过现象看本质，发现组织中存在的根本问题。

在进行组织诊断时，HRBP 可能会发现员工对薪酬不满意、工作效率下降、人员流失严重等问题，但这些问题都只是表面问题，只解决这些表面问题是无法彻底解决问题的。HRBP 需要透过现象看本质，找到影响组织运作的"痛点"，找到现象背后的根本问题。解决这些根本问题，才能根除组织弊病。

7.1.3 优选方法，找出组织问题

在进行组织诊断时，HRBP 需要选择合适的方法。常用的组织诊断方法有以下几种，如图 7-1 所示。

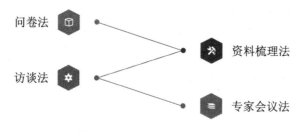

图 7-1　常用的组织诊断方法

1. 问卷法

问卷法常常以 5 分法（很不满意、不满意、一般、比较满意、非常满意）的方式，针对不同维度的问题进行信息收集。具体维度要根据问卷调研的目的来设计，如企业战略、组织运行、人力资源等。同时，在设计问卷时，HRBP 要从调研针对性、企业适应性、人员理解度 3 个方面来思考。

首先，HRBP 需要思考调研的针对性，根据调研目的思考需要调研的问题。要调研哪些方面的问题？这些问题的特征是什么？如何设置问题才能获得有效的信息？这些问题的答案分别有什么含义？如何理解并分析问题？通过思考以上问题来设计问卷，能够使问卷更有针对性。

其次，HRBP要思考问卷的企业适应性，即问卷要符合企业现状。HRBP在设计组织运行方面的问卷时，不仅要关注行业、客户、对手，更要关注组织的人员配置、运行模式和员工反馈等。同时，成熟型业务和新兴型业务的组织活力的关注点也有所不同。HRBP需要根据企业现状，设计出适合企业的问卷。

最后，HRBP需要关注人员理解度，即在设计问题时，要观点明确，表述清晰，以便让员工直截了当地表达真实感受。复杂的逻辑和理论性的文字容易产生歧义。

问卷分为结构化问卷和半结构化问卷两种。结构化问卷只有选择题，半结构化问卷除了选择题外，还包括主观问答题。通过问答题的设计，半结构化问卷能够获得更多有效的信息，对组织诊断更有价值和意义，如表7-1所示。

表7-1 半结构化问卷主观题示例

问题1：基于您的工作岗位，请谈谈公司组织运作过程中的不合理之处？
问题2：您认为公司开展××业务遇到的问题主要有哪些？
问题3：基于您的经验，请谈谈对公司开拓新业务领域的看法。
问题4：关于公司组织、流程、人力资源等方面，您有哪些建议？

2. 资料梳理法

无论对哪个组织模块进行诊断，HRBP都要成为这个组织模块的专家。在设计问卷时，如果遇到不熟悉的业务领域，HRBP就应列出资料清单，梳理相关知识要点，快速掌握组织模块或组织全貌。资料清单示例见表7-2。

表7-2 资料清单示例

1. 战略规划报告；
2. 2020年工作总结；
3. 2021年发展规划；
4. 2020年人力资源工作总结；
5. 2021年各部门工作计划；

续表

6. 组织结构图及关键职责； 7. 薪酬管理体系相关材料； 8. 绩效管理体系相关材料； 9. 员工花名册

梳理资料的目的在于快速了解业务，从而能够在进行组织诊断时，跳出管理视角，从企业发展的逻辑入手思考如何推动组织变革。

3. 访谈法

组织诊断的目的是为了快速、全面地了解组织，所以HRBP要掌握足够多的信息，问卷法和资料梳理法能够帮助HRBP了解书面信息，但要了解员工的真实感受，HRBP还需要和员工进行面对面沟通。

在访谈前，HRBP要准备好访谈大纲。在设计访谈大纲时，HRBP要结合调研内容，有针对性地设计访谈的问题。同时，在对不同部门、不同层级的员工进行访谈时，访谈大纲也应有所不同。访谈大纲示例见表7-3。

表7-3　访谈大纲示例

一、战略目标差距分析 1. 您是否了解公司的战略目标？是否了解自己所在部门的具体目标？ 2. 您认为公司的目标能否实现？如果能实现，应采取什么方式？ 3. 您认为目前制约公司战略发展的最重要的三个问题是什么？ 二、行业维度分析 1. 您在开展业务时，会受到哪些政策的影响？ 2. 您所在的行业里，技术是否发生了显著变化？有哪些变化？ 3. 这个行业的价值链发生了哪些变化？利润区在向哪个地方靠近？ 三、客户维度分析 1. 您认为客户的诉求是什么？ 2. 您服务的客户有哪些？他们的特征是什么？ 3. 客户的购买决策链条是什么？目前公司在哪个环节存在欠缺？ 四、组织维度分析 1. 公司的组织结构是否能够支撑新老业务全面发展？应如何优化？ 2. 组织内部运行效率如何？在哪些方面可以优化？

在进行访谈时，HRBP要注意访谈的态度和技巧，务必让员工打开心扉，畅所欲言，同时要根据访谈内容进行文字整理。在访谈结束后，HRBP需要

对所有访谈信息进行整理,从中发现有价值的信息,捕捉员工的真实想法,为组织诊断提供更多依据。

4. 专家会议法

专家会议法是指由经验丰富的专家组成专家小组进行会议讨论,集思广益,最终形成结果的方法。以专家会议法开展组织诊断时,HRBP 首先需要确定专家的人选,可以选择公司内部的专家,也可以邀请公司外部的专家。其次,HRBP 需要将之前的调查问卷、梳理资料、访谈信息等整理后交由专家,使其能够全面了解组织现状,进行深入探讨和交流。

在进行组织诊断时,单独使用某一方法得出的结果并不全面,无法深入发现组织问题,HRBP 需要综合使用以上方法,全面诊断组织问题。

7.2 组织诊断 4 个常用工具

对于组织诊断,可能很多 HRBP 都会感到困惑:应对组织的哪些方面进行诊断呢?这时,HRBP 就需要了解并掌握组织诊断的工具,在这些工具的指导下开展组织诊断。

7.2.1 韦斯伯德的"六盒模型"

"六盒模型"是由美国分析师马文·韦斯伯德(Marvin Weisbord)设计的一个模型,用于评估组织的运作情况。它是一个简单实用的组织诊断工具,可以帮助 HRBP 盘点现状、了解未来。"六盒模型"如图 7-2 所示。

"六盒模型"中的 6 个盒子代表 6 个维度,HRBP 能够通过这 6 个维度建构系统思维,全面分析组织现状。这个模型能够告诉 HRBP 组织发生了什么,什么是组织当下最需要突破的。HRBP 需要思考以下几个方面的问题。

(1)使命/目标:组织是否有清晰的使命或目标?这一使命或目标是否得到了员工的理解或认同?

（2）关系/流程：上下游连接是否通畅？彼此之间是否能够很好地协同？是否有可以砍掉的流程？是否有遗漏的地方要加进去？

（3）组织/结构：应怎样支撑目标的达成？如何设计组织分工？组织结构如何？

（4）帮助机制：支持组织工作的系统是怎样的？

（5）奖励/激励：是否所有需要完成的任务都有相应的激励措施？激励措施对于任务的达成是否起到了正向作用？

（6）领导/管理：其他5个盒子是否处于均衡状态？失衡时要采取什么样的方法来修正？

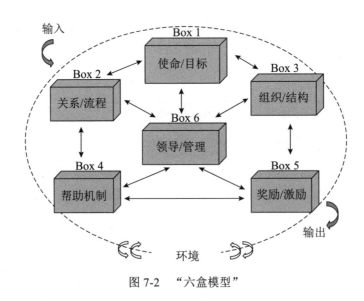

图 7-2 "六盒模型"

"六盒模型"承担着多样的角色：它可以是盘点工具，帮助 HRBP 对组织现状进行盘点；可以是诊断工具，帮助 HRBP 建立全面的组织视角，更全面地观察组织；可以是沟通工具，HRBP 可以借助"六盒模型"就组织状态进行有效沟通。

"六盒模型"的运用场景广泛。当 HRBP 进入一个新团队时，可以借助"六盒模型"对新团队进行摸底，全面了解这个团队；当 HRBP 和关键人物对话时，可借助"六盒模型"进行组织盘点和现实状况讨论；当 HRBP 进行组织架构调整时，可以借助"六盒模型"梳理组织现状，找到组织调整的目标。

7.2.2 麦肯锡的"7S 模型"

"7S 模型"是麦肯锡顾问公司设计的一个组织分析模型,指出了企业组织的七要素,能够帮助 HRBP 从提高组织的整体表现、分析组织变革可能造成的影响、高效实施目标战略等方面提升组织的有效性。"7S 模型"如图 7-3 所示。

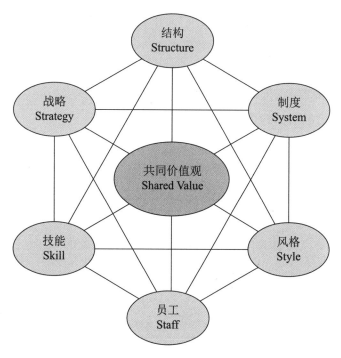

图 7-3 "7S 模型"

"7S 模型"指出 HRBP 必须综合考虑组织各方面的情况,包括结构(Structure)、制度(System)、风格(Style)、员工(Staff)、技能(Skill)、战略(Strategy)、共同价值观(Shared Value)。"7S 模型"的原理是组织要想成功运作,这七大要素必须协同匹配。

(1)战略:建立或加强组织竞争优势的整体规划。

(2)结构:企业的组织形式、人员的分工与管理。

(3)制度:业务活动、各项流程以及员工参与工作的方式。

(4)风格:管理者的管理方式。

(5)员工:组织内的员工及其综合能力。

（6）技能：组织工作中所需要的技能。

（7）共同价值观：贯彻在组织文化和工作中的核心价值观。

"7S模型"是一个发现问题的有效工具，有明确的问题清单和要素矩阵，能够帮助HRBP识别问题。HRBP可以运用"7S模型"分析组织现状，以及未来希望达到的水平，并发现两者的差距和当前组织的不协调之处。

1."7S模型"评估问题清单——战略

（1）使组织更成功的战略是什么？

（2）实现战略的短期目标有哪些？

（3）执行战略的约束有哪些？

（4）在什么情况下，你会相信战略是正确的？

（5）凭什么客户要忠于公司？

（6）公司提供给客户的价值主张是什么？

（7）客户如何评价公司的组织？你是通过什么途径知道的？

（8）你是如何同组织的高层及其他员工沟通战略的？

2."7S模型"评估问题清单——结构

（1）公司的组织结构图是怎样的？

（2）主要部门的职责是什么？

（3）部门之间存在哪些职责问题？

（4）部门之间存在哪些沟通问题？

（5）为了促进部门之间的理解和协作，组织做了哪些关键的努力？

（6）这种结构如何促进或阻碍了战略的实施？在这一方面，有哪些强化或改进方案？

（7）组织在管理幅度、管理层级的数量、对位机制等方面表现如何？

3."7S模型"评估问题清单——制度

（1）描述支持业务或组织的关键制度，如薪酬制度、管控制度、客户反馈制度、生产制度等，分析它们的优点和不足。

（2）解决了哪5个最重要的制度问题，组织运行的效果将获得显著提升？为什么？

（3）在这些方面，有哪些有效的强化或改进方案？

4．"7S 模型"评估问题清单——风格

（1）组织中的重要决策是如何得出的？

（2）最高管理层是如何同下属和其他员工沟通的？

（3）最高管理层的期望是什么？

（4）你如何描述组织的管理风格？与其他人的描述有何不同？

（5）最高管理层做了哪些事？

5．"7S 模型"评估问题清单——员工

（1）描述组织关键员工在组织中的重要作用，以及他们的优势和劣势。

（2）他们之中谁对组织的运行至关重要？为什么？

（3）就这些关键员工而言，你最担忧的问题是什么？为什么？

（4）描述就整体而言，员工的优势和劣势。

（5）就组织全部员工而言，你最担忧的问题是什么？为什么？

（6）在上述方面，有哪些强化或改进方案可以实行？

6．"7S 模型"评估问题清单——技能

（1）组织运行必须具备的知识或技能是什么？为什么？

（2）随着时间的推移，你预计组织在技能方面会有什么改变？

（3）你如何评估组织在技能方面的优势和劣势？

（4）为了保持和强化知识技能，组织会面对哪些关键挑战？

（5）在这些方面，有哪些强化或改进方案可以实行？

7．"7S 模型"评估问题清单——共同价值观

（1）如果组织非常成功，哪些关键的事情将会发生？

（2）组织内有哪些促使公司成功的行为和现象？

（3）公司高管和下属交流的主题有哪些？

（4）如果组织非常成功，10年后公司将如何？

（5）如果你考虑出售这个成功的组织，会怎样向买主描述它？

（6）你会怎样向买主描述公司的使命？

通过"7S模型"，HRBP能够理解组织的各要素是如何联系的，从而能够对组织作出全方位的诊断，在进行组织架构调整时，也能够全盘考虑某个组织变革所带来的影响。

7.2.3 加尔布雷斯的"星型模型"

"星型模型"是美国管理专家加尔布雷斯设计的，由一系列设计策略组成。这些设计策略是HRBP必须熟练掌握的工具，以此进行科学的组织决策。在"星型模型"中，设计策略被分为5类：战略、结构、流程、人员、报酬，如图7-4所示。

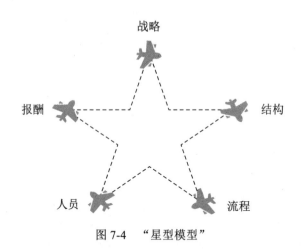

图7-4 "星型模型"

"星型模型"体现了组织设计的整体性观念，其含义为不同的战略会产出不同的组织形态。

"星型模型"中的5个顶点代表了HRBP在进行组织设计和诊断时需要思考的5个方面。HRBP可以在这5个方面发力，影响员工行为，进而影响组织绩效。

在"星型模型"中，HRBP需要针对不同的方面回答下列问题。

（1）战略：组织的愿景包括哪些内容？有哪些长期目标和短期目标？实现愿景的关键是什么？竞争优势在哪里？

（2）结构：怎样划分工作？怎样设计管理层级？

（3）流程：组织中的哪些人需要沟通和协调？需要通过哪些流程和活动来沟通、协调和建立目标？

（4）人员：组织需要具备哪些能力的人？如何开发他们？

（5）报酬：需要奖励哪些行为、结果和价值观？使用何种手段进行奖励？

通过对以上 5 个方面的梳理和分析，HRBP 能够了解组织中关键要素的现状，诊断组织问题，并有针对性地通过一系列解决措施调整组织架构、提高组织绩效。

7.2.4　开放系统模型：输入、转换、输出

一些组织诊断模型以开放系统理论为基本假设，即将组织看作一个开放的系统，考虑系统的输入、转换和输出。这种模型可以帮助 HRBP 确定组织诊断的主题、完善评估组织诊断的标准，并且决定采取什么行动可以解决组织问题。开放系统模型如图 7-5 所示。

图 7-5　开放系统模型

如图 7-5 所示，开放系统模型包括输入、转换、输出三个关键环节。其中，输入指的是原材料、资金、人才、信息等资源的输入。这些资源是组织从环

境中获取的,有助于创造输出。转换指的是将输入的资源转换成输出的结果的过程。输出指的是产品、服务等内容的输出,是组织运转的结果。

同时,在开放系统模型运转的过程中,组织的行为、技术、结构、文化、环境等要素将影响从输入到输出的转换过程。其中,行为指的是组织中个人及群体间互动的模式,这些模式有助于将输入转换成输出。技术指的是通过各种设备把输入加工转换成输出的技术。结构指个人与部门之间的长久关系。文化体现为公司的标语、广告、有代表性的活动、工作方式等。环境分为内部环境和外部环境。内部环境包括与系统转换过程直接相关的组织和条件,涉及资金来源、供应商、消费者、竞争对手等。外部环境即对组织影响较低或有长远影响的条件,如经济、政治等大环境。

在进行组织诊断时,HRBP需要根据以上要素全面了解组织的系统特征,分析组织输入、转换和输出的过程是否顺畅,从而更好地理解在当前或在将来对组织有很大影响的系统特征,更准确地确定需要诊断的问题。开放系统模型能够帮助HRBP评估组织内部运转的一般情况,也可以帮助HRBP评估应对某些具体问题时的组织状况。

7.3 组织职能分析

组织职能指的是为实施计划而建立起来的一种结构,其在很大程度上决定着计划能否实现。在进行组织诊断时,HRBP需要对组织职能进行分析,明确当前组织职能存在的问题,如职能缺失、职能错位、职能弱化、职能交叉等。诊断出组织职能存在的问题之后,HRBP需要重新设计或完善组织职能,使组织职能更加合理。

7.3.1 职能缺失:职能设置存在关键业务能力的缺失

赵刚是某生产制造企业的HRBP,其职责是协助销售部门经理合理设计工作目标并开展工作。在进入销售部门后不久,赵刚就发现了一个比较严重的问题——一些订单存在延期交货的现象。

经过和销售部门经理沟通，赵刚了解到，延期交货的原因在于生产部门无法按计划完成生产任务。随后赵刚又向生产部门经理了解情况，生产部门经理表示生产任务完不成的原因在于质检部门常常难以及时提供检验结果，并且采购部门有时也无法及时提供原料。

赵刚又了解到，针对这些问题，企业高管也曾组织会议召集各部门经理进行协商，寻找解决问题的办法，但收效甚微。因为各部门经理都会站在自己的立场上思考问题，提出对自己有利的方案，而这些方案难以得到所有部门的认同。即使讨论出了看似可行的解决方案，也总是无法落地。

大多数解决方案只是一个解决思路，在执行方面涉及现状流程分析、优化方案设计、操作指引编写、流程标准设定、流程运作监控、部门职责调整等多方面工作。这些工作需要大量的沟通和协调，并且需要对各部门的权益进行调整，所以需要一个独立于各部门之外的部门来完成。

了解了这一问题后，赵刚又和人力资源部门经理进行了沟通，双方都认为导致这一系列问题的根本原因在于企业缺乏对流程的管理，同时企业也没有相应的部门统一管理各部门间的协作。这表明企业的组织职能是存在缺失的。

针对这一问题，人力资源部门经理向企业高管汇报了问题现状，并提出了解决方案，即成立一个流程管理部门来全面管理各部门间的业务流程，促进各部门间的沟通和协作。

企业高管采纳了这一建议，随后成立了流程管理部门。流程管理部门在了解各部门业务流程和诉求的基础上，对各部门间的业务流程进行了梳理和优化。同时流程管理部门十分注重各部门间的沟通和协作，通过与各部门的沟通，挖掘、整合各种信息，并协调各部门间的工作。经过一段时间的整顿，销售部门延期交货的问题最终得到了解决。

在上述案例中，赵刚了解到企业的组织职能存在缺失，并及时和人力资源部门经理进行了沟通，人力资源部门经理也及时向企业高管进行了汇报并提出了解决方案。在此基础上，企业成立了新部门，弥补了组织职能的缺失，最终推动了业务工作的顺利展开。

在进行组织诊断时，如果发现业务运作流程不顺畅、部门间的沟通和协作存在问题，HRBP就需要对具体问题进行诊断，分析组织职能是否存在缺失。只有建立了完善的组织职能，企业运作才会更加顺畅。

7.3.2 职能错位：某部门承担了其他部门要具备的职能

郑涵是某贸易公司的人力资源部门经理，也是公司HRBP团队的主要负责人。最近一段时间，郑涵发现人力资源部门和各业务部门之间的矛盾日益凸显，为解决这一问题，郑涵带领其他HRBP对整个公司进行了一次组织诊断。

在诊断过程中，郑涵发现业务部门和人力资源部门的矛盾主要集中在员工考核方面。在现行的考核制度中，业务部门员工的考核目标由业务部门下达，但是对员工的日常工作情况、目标完成情况进行检查与考核的是人力资源部门。HRBP负责检查业务部门员工的目标完成情况，为员工的绩效考核评分，而业务部门则失去了对员工进行考核的权利。在这种情况下，业务部门的主管和经理往往对员工的业绩表现不管不问。

更糟糕的是，这种制度使业务部门和人力资源部门之间产生了很大的矛盾。业务部门认为人力资源部门检查太多，给本部门的日常工作造成了很多麻烦，认为本部门是在帮人力资源部门的忙。而HRBP也常常抱怨业务部门不配合工作。在出现问题时，双方总是相互推诿、互相指责，导致很多问题找不到明确的负责人，久拖不决，严重影响了公司的运行。

这反映出在绩效管理过程中，业务部门与人力资源部门在职责分工方面存在错位问题。绩效考核的目的是实现公司、部门的目标，各部门的考核目标都是由公司目标分解而来的，并且必须经过人力资源部门和业务部门的充分认可才能够实施。

同时，绩效考核涉及两种工作分工：一是绩效考核的组织者，即人力资源部门负责绩效方针的制定，并组织、汇总各部门的考核情况；二是绩效考核的执行者，即业务部门负责考核的记录、统计、评价、改进等工作。

为保证考核的公平、公正，人力资源部门可以对业务部门的考核工作进行检查，但不能代替其工作。如果双方的职能出现错位，职责不明，势必会产生种种问题。

郑涵在了解到组织职能出现错位后，与各部门经理进行了会议协商，并制定了相应的解决方案。

首先，解决方案明确了绩效考核体系的组织架构，对人力资源部门和业务部门在考核各环节中的职责进行了明确。

其次，解决方案明确了在考核过程中，遵循直接上级考核直接下级的原则，进一步细化了业务部门各管理岗位的职责。同时，为保证考核的公正性，人力资源部门会对业务部门的绩效考核工作进行检查。

最后，在绩效目标的设定方面，除了要考虑公司整体目标外，人力资源部门也会和业务部门进行积极沟通，确保在绩效目标的设定方面达成共识。

该解决方案得到了业务部门的认可，并在各业务部门推行。之后业务部门的月度考核和季度考核都有了很大改善，业务部门和人力资源部门的关系也得到了改善。

职能错位是组织职能可能会存在的问题，在职能错位、部门间职责不明的情况下，部门间的矛盾也会愈演愈烈。在进行组织诊断时，HRBP要注意这一问题，并针对这一问题明确相关部门的职责，以此推动部门工作更好地开展。

7.3.3 职能弱化：某部门的业务能力不足以支撑业务运行

一些企业里可能会存在这种状况：业务部门的员工工作饱和，时常加班，而职能部门的员工工作却十分轻松。如果企业中存在这样的反差，那就说明组织职能部门存在职能弱化的问题。

职能弱化主要是由以下原因引起的，如图7-6所示。

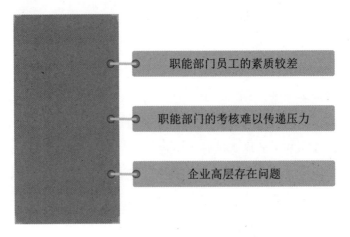

图 7-6　职能弱化的原因

1. 职能部门的员工素质较差

一些企业对管理缺乏正确认识，没有重视职能部门的工作，职能部门的进入门槛设置得也相对较低，导致员工素质不高。这不但导致职能部门的职能弱化，还使得职能部门臃肿。庞大的职能管理部门会增加组织运营成本，加大业务部门的运营压力，也会阻碍管理信息传递，降低组织运行效率。

2. 职能部门的考核难以传递压力

职能部门的业务对公司的主要业务起辅助作用，由于其业务目标难以量化，绩效考核往往缺乏明确的考核指标，因此很难对其工作结果进行准确评价。如果企业对职能部门的绩效管理流于形式，无法向职能部门传递压力，那么职能部门也会缺少提升自我的动力。在这种情况下，职能部门的工作质量难以保证，导致其职能弱化。

3. 企业高层存在问题

企业高层兼职现象十分突出，为了加强对部门的控制，企业高层往往会分管某块具体业务，或者兼任部门经理。在这种情况下，如果各企业高层因为利益出发点不同而给职能部门发出了不同的指示，那么职能部门在难以抉择之下往往会将决策权交给企业高层，导致自己的职能弱化。

除此以外，企业高层的行事风格也会导致职能弱化。例如，一些企业高层做事喜欢亲力亲为，常常越过职能部门直接管理业务部门，长此以往，职能部门的存在感也会越来越低。

在进行组织诊断时，HRBP 要对各部门的职责进行分析，明确其在日常工作中是否充分承担起了自身的职责，如果发现某部门存在职能弱化现象，那就需要分析职能弱化的原因，并提出有针对性的措施。一般而言，HRBP可以从以下几个角度出发解决职能弱化的问题。

首先，在战略上，HRBP 要确定职能管理的功能性。不同的组织战略对职能管理有不同的要求，HRBP 需要分析企业经营战略，从中提炼职能管理需要具备的功能。同时，HRBP 需要根据具体功能，梳理职能部门和业务部门之间的关系，明确职能部门的职责，从而提升企业管理水平。

其次，在人员上，HRBP 要保证职能管理的有效性。HRBP 要提高职能部门的进入门槛，严格要求员工的专业化水平，保证职能管理的有效性。同时，HRBP 要推动职能部门与业务部门的沟通，强化其对业务部门的服务意识，最终建立起有利于业务部门顺畅运行的保障机制。

最后，在考核激励方面，HRBP 要制定行之有效的考核制度，提升职能部门进行职能管理的积极性。职能部门的工作难以量化，在这方面 HRBP 可以推行过程考核，即考核员工的工作职责和任务完成情况。为此，HRBP 要细化考核要素，对职能部门的绩效信息进行细致收集、整理和分析，并制定完善的考核奖惩制度，避免考核流于形式。

7.3.4 职能交叉：业务分散在两个或者两个以上的部门

职能交叉也是常见的组织问题。例如，某公司刚刚招聘了一批新员工，在正式上岗之前，人力资源部门对其进行了基础培训，同时业务部门也对其进行了业务培训。一段时间后，新员工整体工作情况不佳，在公司高层询问原因时，人力资源部门和业务部门都将责任推到了对方身上，称是对方培训不给力，而并不反思本部门培训可能存在的问题。

职能交叉在很多企业中都是存在的，在业务关联性较强的部门，更容易出现职能交叉。如果在职能交叉领域出现问题，相关部门往往会相互推诿，推卸责任。

在进行组织诊断时，HRBP 要对职能交叉问题引起重视，一旦发现某些部门之间存在职能交叉，就要有针对性地解决。

首先，针对职能交叉的部门，HRBP 要对相关部门的职责进行明确和调整，对于协作密切的部门，更要细化并明确其具体职责。其次，只明确部门职责是不够的，HRBP 还需要构建好部门协调机制，避免因为部门职能交叉而出现相互扯皮的现象发生。

职能交叉在管理上具有客观性，反映了不同部门的行政管理之间、职能部门管理与业务部门管理之间无法割断的联系。HRBP 需要围绕部门职责交叉问题，遵循一项任务由一个部门负责的原则，明确任务的负责部门，分清部门间主办和协办的关系，建立部门协调机制，形成工作合力。

7.4　组织架构调整

组织架构是企业的骨骼，是企业运行的基础。如果组织架构设置不合理，就会影响企业运行效率。同时，随着企业发展战略的变化，HRBP 也需要及时对组织架构进行调整，使组织架构更好地适应企业发展的需要。

7.4.1　组织架构要匹配企业的发展变化

组织架构需要和企业的变化相匹配，即当企业的发展战略发生变化时，HRBP 应及时调整组织架构，使其适应企业发展的需要。具体而言，当企业战略发生变化时，HRBP 需要自上而下进行以下调整，如图 7-7 所示。

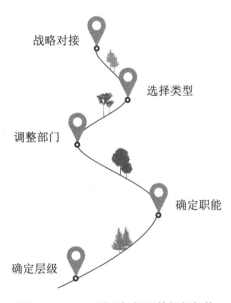

图 7-7 HRBP 需要如何调整组织架构

1. 战略对接

战略对接是指 HRBP 需要将组织架构和企业战略进行对接。组织架构需要根据企业战略的变化而变化，当企业战略发生变化时，HRBP 就需要根据企业战略对组织架构进行优化。

在进行战略对接时，HRBP 需要思考以下几个问题。

（1）企业战略可以细化为多少小目标？

（2）这些小目标可能通过何种途径实现？

（3）企业决策者关注的重点是什么？

（4）有哪些目标可以交由他人负责？

（5）实现这些小目标需要哪些部门相互配合？

战略对接是组织架构调整的第一步。HRBP 需要对企业战略进行了解和分析，明确现有组织架构的不足之处。

2. 选择类型

调整组织架构的第二步是选择组织架构的类型。组织架构的类型受企业战略和管理方式的影响，在企业不同的发展阶段有不同的选择。组织架构的主要类型有 5 种，分别为：职能式组织、事业部制式组织、直线式组织、矩阵式组织、三维组织（立体组织）。HRBP 需要根据企业战略选择最合适的类型。

职能式组织是在各级部门中设立一些职能机构，部门经理可以把部分管理职责和权力交给相关的职能机构，职能机构在自己的业务范围内有权向部门员工发号施令。部门员工除了接受部门经理的指挥外，还必须接受上级职能机构的领导。这种组织架构适用于生产技术比较复杂、管理工作比较精细的现代化工业企业，能充分发挥职能机构的专业管理作用，减轻直线领导的工作负担。

事业部制式组织是一种高度集权下的分权管理体制，适用于规模庞大、产品繁多、技术复杂的大型企业。一个公司按地区或产品类别分成若干个事业部，这些事业部及所属子公司负责设计产品、采购原料、核算成本、生产产品、销售产品，实行单独核算，独立经营。公司总部通过利润等指标对事业部进行控制，只保留人事决策、预算控制和监督等权力。

直线式组织是最早也最简单的组织架构。企业各级部门实行从上到下的垂直领导，下属部门只接受一个上级的指令，不另设职能机构，但可设职能人员协助部门开展工作，适用于规模较小，管理体系与生产技术比较简单的企业。它的优点是结构比较简单，责任分明，命令统一。

矩阵式组织是同时包含按职能划分的垂直领导系统和按项目划分的横向领导系统的结构。它是围绕某项任务或项目成立的跨职能部门的专门机构，其结构形式是固定的，但人员是变动的，任务完成后相关人员就可以回原岗位工作。这种组织架构非常适用于横向协作，适用于以开发与实验为主的企业。

三维组织（立体组织）是矩阵式组织的一种扩展形式，包括 U 型结构、M 型结构、矩阵型结构和多维立体型结构。它的最大特点是信息共享、共同决策的协作关系，适用于跨国公司或规模巨大的跨地区公司。

3. 调整部门

在实现战略对接、选择好合适的组织架构后，HRBP 接下来就需要对部门进行调整了。随着企业的发展壮大，职能越来越多，分工也越来越细，当职能细分到一定程度时，一个层级的管理就超出了管理限度，这时必须把职能相近或者联系度高的部门放在一起,在这些部门中挑选一个能力较强的人进行管理。例如,质检部门、生产制造部门和产品研发部门三者之间协调、合作最多,就可以交由一人管理。

4. 确定职能

组织架构调整的第四步是确定职能,即确定功能。因HRBP选择的组织类型不同,组织功能会有不同的组合。各个部门都有自己的职能,只有确定各个部门的职能,使其承担相应的任务和责任,完成任务,履行职责,企业才能获得相应的利益。

职能是根据组织架构来划分的,即HRBP需要明确一个部门在企业中具体要做哪些工作,行使怎样的职能。这是部门开展工作的依据,明确了各部门的职能,各部门才能各司其职。

5. 确定层级

一般情况下,企业的层级包括决策层、管理层、执行层和操作层。其中,决策层人员最少,操作层人员最多。层级受管理幅度的影响,两者之间是反比例关系。层级越多,信息传递与沟通就越困难,越容易受到干扰。而层级过少则会使管理者的管理幅度过大,导致管理者不胜负荷。只有两者遵循责任均衡的原则,与组织的整体管理协调,才能有良好的实践效果。

HRBP要按照企业的纵向职能分工和组织的不同特点,根据有效管理幅度进行推算,以提高组织效率为目的,确定基本的层级。无论怎么划分层级,各层级之间的相互关系都是自上而下地逐级实施指挥与监督的权力。较高一级的管理者给予较低层级的负责人处理问题的权力,即决策层决定做什么,管理层决定怎么做。同时,较低层级的人必须对上级决策作出反应,并向上级管理者汇报工作。

7.4.2 组织架构调整比较复杂,应逐步推进

HRBP在进行组织架构调整时,需要考虑企业规模。企业规模不同,组

织架构调整方式也不同。

如果企业规模较小，在整个企业范围内进行组织架构调整较为容易，HRBP可以自上而下地进行组织架构调整；如果企业规模较大，大规模调整组织架构比较困难，HRBP就需要找准一个出发点，从一项业务、一个部门开始进行组织架构调整，逐步推进。

张晓斌是某互联网公司的人力资源部门经理，管理着企业的HRBP团队。近几年，随着企业规模的不断扩大，业务的不断增多，其HRBP团队也越来越壮大。

考虑到企业的成长需要，企业高管层决定调整企业现有组织架构，在企业内部推行事业部制，即将企业的业务拆分成事业部，给予其负责人更多的权力，推动企业进一步发展。

这无疑是一项巨大的工程，为了使事业部制更好地落地，张晓斌提议可以先将企业里的云服务业务拆分出来，组建事业部。这样不仅可以分析事业部这种组织形式的实施效果，还为动员员工、宣传政策提供了准备时间。

张晓斌的这一建议得到了采纳，随后企业将原本的云服务部门调整为云服务事业部，还调整了人员结构，明确了员工的职责。

在经过3个月左右的试运营后，云服务事业部的效益有了一定程度的增长，规模也进一步扩大。在确定这一组织调整可行后，张晓斌又逐步将企业的其他十余个业务部门调整为事业部，并为每个事业部配备了经过培训的、更加专业的HRBP。

在进行组织架构调整时，HRBP不可急于求成。有时一项大范围的组织架构调整，从初步试点到实现整个企业的覆盖，可能会历时一个季度甚至一年。为什么要这样逐步推进？

一方面，组织架构调整对企业来说是一个挑战，存在诸多不确定性和风险。找准一个试点逐步进行组织架构调整，能够帮助HRBP明确组织架构调整的适用性和成效，为之后的组织架构调整积累经验。

另一方面，组织架构调整必然会涉及员工工作岗位的调整，为使员工更好地接受企业的这一转变，更好地在新岗位上努力工作，HRBP需要为员工留出接受转变的时间。在组织架构逐步调整的过程中，HRBP可以进行充分的政策宣传、员工动员工作，激发员工的工作积极性，使员工更顺利地接受新岗位。

总之，在进行组织架构调整时，HRBP需要稳步推进，以降低组织架构调整产生的风险，使组织架构顺利地完成转变。

7.4.3 模糊组织边界

传统的组织架构是一种自上而下的金字塔式的，有4种边界，即垂直边界、水平边界、外部边界和地理边界。垂直边界是企业内部的层次和职位等级；水平边界分割职能部门及规则；外部边界隔离了企业与客户、供应商、管制机构等外部环境的关系；地理边界是文化、国家和市场的界限。

随着信息技术的发展，这些边界日益模糊，跨界运作成为企业常态，企业管理也要向更灵活、更高效的方向转变，如去中心化、去中层等，打造无边界的组织，以提升企业内部效率。在进行组织架构调整时，HRBP需要模糊组织边界，打造组织的无边界化，具体而言，HRBP需要做好以下几个方面的工作。

1. 跨越垂直边界

跨越垂直边界表现为打破职位等级这种僵化的定位，将权力下放到基层，使员工有一定的自主权，让对结果负责的一线员工做决策。这就要求HRBP培养员工的领导能力，建立绩效与薪酬正比体系：员工薪酬以员工绩效为基础，基层员工也能通过绩效获得高报酬。

2. 打破水平边界

打破水平边界指的是HRBP要打破各个职能部门之间的边界，使计划、生产和销售等各部门连接，形成统一的系统，各职能部门的员工都用相同的方式面对客户，保证在客户面前企业是一个整体。

3. 跨越外部边界

跨越外部边界即推倒外部的围墙，让企业能与供应商、客户、竞争者、政府机构等外部环境融合，成为一个创造价值的系统，建立供应链管理与战略管理联盟，以达到共同拥有市场、共同使用资源的战略目标。企业进行虚拟化经营与网络化经营，以合同为基础，借助其他组织进行经营活动。

4. 跨越地理边界

跨越地理边界即打破跨国公司的地理边界，位于不同国家的企业组织部门能相互学习，与当地的文化相融合。

以海尔为例，为了打破组织边界，海尔把销售环节、研发环节打碎，放弃原来的组织方式，进化为平台组织者，构建按单聚散的平台型人力资源体系，每个环节的参与者都是平台玩家。

项目确定后，根据项目目标召集最好的人力资源组成一个项目团队，这些资源可能来自海尔内部，也可能来自海尔外部。等这个项目完成，开始新项目时，再继续根据项目需要重新聚集相关资源。

海尔的自主经营体实行"竞单上岗，官兵互选"模式。每个员工都能公平竞争经营体长，如果经营体长不能带领团队实现目标，那么经营体员工可以重新选择经营体长。

通过这样的方式，海尔部门之间、管理者与员工之间的边界被打破，实现按提升效率的原则灵活配置资源。

HRBP也需要在企业内部构建按单聚散的平台型人力资源体系，为不同国家、不同地区的各个分公司提供沟通协作的平台，打破组织的地理边界。

HRBP在进行组织架构调整时模糊组织边界，可以提高信息在整个组织的传递、扩散和渗透能力，实现各部门的有效合作，使各项工作在无边界的组织中顺利开展。

第四篇

管理能力

第 8 章
员工关系管理：提升员工的主动性

员工关系管理是人力资源管理的重要内容，也是 HRBP 需要做好的重要工作。HRBP 需要及时与业务部门沟通并做好和业务部门的沟通，同时，当业务部门内部出现矛盾时，HRBP 也要协助业务部门处理好内部矛盾。此外，HRBP 还需要让业务部门肩负起自己的责任，拒绝为业务部门"背锅"。

8.1 HRBP 如何与业务部门沟通

HRBP 和业务部门的沟通中往往存在诸多问题，如业务部门认为和 HRBP 进行沟通是在帮助 HRBP 完成工作、HRBP 和业务部门之间缺乏信任等。这些都导致 HRBP 难以和业务部门进行沟通。为了解决这一问题，HRBP 需要树立"共赢"意识，通过关键人和业务部门建立信任，并在沟通过程中循序渐进，体现出沟通的价值。

8.1.1 以"共赢"为沟通前提

对于 HRBP 来说，把与业务部门共赢作为开展工作的目标非常重要。一些 HRBP 在和业务部门进行沟通时，只是一味地要求业务部门做什么，并不解释这样做的意义和对业务部门的好处，而业务部门会认为自己完成这些任务只是在帮 HRBP 的忙。久而久之，HRBP 的这些"打扰"就会引起业务部门的不满。同时，很多 HRBP 总把共赢挂在嘴边，但却没有将其落实到工作上，只以共赢为口号完成自己的工作，这样的做法当然难以得到业务部门的认同。只有真正将共赢作为目标，并将其贯彻到行动上，HRBP 的工作才能得到业务部门的支持。

李东是某公司的 HRBP，虽然自己对这份工作信心满满，但实际的工作状况却让他十分苦恼。在一次会议上，李东向人力资源部门经理孙强诉苦，说每次自己和业务部门经理沟通工作，对方总是很不耐烦，甚至十分反感，对需要业务部门配合的工作也并不积极。

孙强询问李东是如何与业务部门经理进行沟通的，李东表示，他知道业务部门经理很忙，便总是开门见山地表明沟通的目的，如"我们部门正在开展绩效指标优化工作，请您尽快填一下我发给您的表格。"但对方听到这样的话往往是一脸厌烦的表情，并不会积极地完成这些事情。

孙强听后就了解了问题所在，他对李东说："我知道你是想节省沟通的时间，但你有没有想过对方听了这样的话是什么心理感受？这样的表达方式很容易让对方认为你只是为了完成工作而去和他沟通，而沟通的事情是你自己的工作，与他无关，不能给他带来价值。这样一来，他为什么要花费时间帮助你呢？"

李东听后表示认同，但仍不知道如何与业务部门进行沟通。孙强继续说："你需要换一个角度，从为对方提供价值的角度和对方沟通，将共赢作为沟通的前提。"

李东听后恍然大悟："我知道了，我应该在沟通中表明这件事情满足了业务部门的哪些需求，能够帮助业务部门解决哪些问题。"

明白了这一点，李东在之后与业务部门沟通的过程中，总会详细地讲明开展某个活动、进行某个调整给业务部门带来的好处，在这种情况下，业务部门也会更积极地配合李东的工作，这使得李东完成工作的效率大大提高。

HRBP 在和业务部门进行沟通时，要以共赢为前提，在表明沟通目的的同时也要表明这件事情为业务部门带来的价值，只有这样，才能激起业务部门的工作积极性。

同时，既然以共赢为沟通原则，HRBP 在和业务部门沟通时就不能只强调自己的观点。在业务开展过程中出现问题时，HRBP 需要和业务部门经理做好沟通，不仅要表明自己的意见，也要倾听对方的建议，并学会换位思考，从对方的角度思考问题。沟通的结果并不是一方说服另外一方，而是求同存异，只要在双方沟通后达成了可行的解决方案，沟通就是成功的。

8.1.2 找到关键人，建立信任关系

HRBP 要想开展好工作，获得业务部门的支持是十分重要的，但和业务部门的所有人搞好关系需要花费大量的时间和精力，因此，HRBP 需要找到关键人，与关键人建立信任关系，以便更顺利地开展工作。

HRBP 需要寻找哪些关键人？首先是业务部门的经理、主管等管理人员，得到了这些人的支持，HRBP 的工作才好开展；其次是影响力大的员工，这样的员工能够帮助 HRBP 获得其他员工的支持，这样在推进工作时才比较顺利；最后是业务人才，部门内的业务人才可以帮助 HRBP 快速了解业务，抓住业务关键点。

与以上 3 类人建立了联系，并获得对方的信任，HRBP 才能顺利深入业务、熟悉业务，开展工作。在与关键人建立信任关系时，HRBP 需要掌握以下法则。

（1）知己知彼法则。即 HRBP 需要了解对方的诉求和沟通方式，有针对性地和对方沟通。例如，业务部门经理往往十分关注沟通的价值，因此 HRBP 在与其进行沟通时要表明此次沟通对业务部门的价值。

（2）需求法则。HRBP 要了解对方的需求。

（3）专业度法则。HRBP 需要具备过硬的专业能力，能够为业务部门排忧解难。

（4）期望值法则。在与对方的前几次合作中，如果 HRBP 的表现能够

超出对方的期望值,则对方对 HRBP 的信任度会大大提升。

综合运用以上几条法则,HRBP 能够较快地与关键人建立信任关系。

陈亮是某公司的 HRBP,刚刚进入业务部门时,业务部门经理虽然对他的到来表示了欢迎,但并不会邀请他参加重要的部门会议。对此,陈亮并没有气馁,他知道,自己需要赢得对方的信任。

在之后的工作中,每次和业务部门经理进行沟通时,陈亮都会用心倾听对方的表达,对于对方提出的疑问也会给出详细解答。一段时间过后,陈亮赢得了业务部门经理的初步信任。

同时,陈亮十分信守承诺,只要自己答应的事情,就会及时做好。例如,一次业务部门经理在走廊中遇到陈亮,请他查询一个数据,陈亮回到办公室后立刻查询了数据并反馈给了对方。

就这样,在陈亮把一件件小事做好之后,业务部门经理对他的信任度也大大提升,无论是业务开展中出现的问题,还是关于部门业务战略的问题,业务部门经理都愿意和他沟通,陈亮的工作越来越顺利。

与业务部门建立信任关系是一个逐步积累的过程,HRBP 需要逐渐用专业和诚信赢得业务部门的认可。HRBP 按时、按质做好自己的工作,对于业务部门的业务问题、员工问题等提出行之有效的解决方案,协助业务部门更好地开展工作。久而久之,HRBP 就能够和业务部门建立起信任关系。

8.1.3 CRIB 模型:表达"共赢"诉求

要想顺利开展工作,HRBP 就需要深入了解业务。在这一过程中,HRBP 需要表达共赢诉求,找到能够实现人力资源部门和业务部门共赢的方法。在此,HRBP 可以借助 CRIB 模型与业务部门沟通。

CRIB 模型是一种有效的沟通工具,主要包括 4 个方面,即承诺(Commit)、了解(Recognize)、创作(Invent)和头脑风暴(Brainstorming)。借助这个沟通模型,HRBP 可以了解业务部门的需求和目的。

1. 承诺（Commit）

HRBP 需要向业务部门承诺自己会寻找基于共赢的解决问题的办法。用这一内容作为沟通的开场白很重要，能够让业务部门意识到 HRBP 关心他们的利益，从而愿意积极配合 HRBP 开展工作。

2. 了解（Recognize）

了解指的是 HRBP 需要了解业务部门提出的解决方法的目的。这一目的往往能够反映出业务部门的需求，了解对方的需求，才能够抓住共赢的关键点。

3. 创作（Invent）

创作指的是创作共赢的方向。HRBP 要把业务部门的需求与人力资源部门的需求结合起来，进行综合分析，确定共赢的方向。

4. 头脑风暴（Brainstorming）

头脑风暴指的是找出共赢的方法。在确定了共赢的方向之后，HRBP 就需要和业务部门积极沟通，共同找出实现共赢的方法，真正把共赢落到实处。

HRBP 可以借助 CRIB 模型按步骤开展工作，并在每一步都做好和业务部门的沟通。在共赢前提、积极沟通的作用下，HRBP 也能够更科学地找出共赢的方法，推动业务部门的发展并顺利完成自己的工作。

8.1.4 循序渐进，体现价值

在与业务部门进行沟通时，HRBP 需要本着循序渐进的原则，"从大处着眼，从小处着手"。首先，HRBP 对于业务的了解是循序渐进的，前进的速度快了可能会脱离业务；其次，HRBP 的资源是有限的，工作必须要一步一步进行；最后，业务部门对 HRBP 的信任是一个逐步加深的过程。

HRBP 应如何体现价值呢？需要注意以下 3 个方面，如图 8-1 所示。

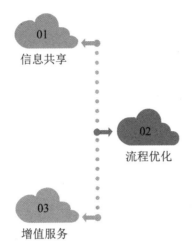

图 8-1　HRBP 应如何体现价值

1. 信息共享

信息共享是十分关键的。在 HRBP 和业务部门沟通的过程中，共享信息越多，彼此间的了解就越深，越容易作出最优决策。HRBP 需要建立信息共享机制，实现业务部门和人力资源部门的信息共享，如定期沟通，建立共享信息平台等。

2. 流程优化

优化业务部门流程、提升业务部门效率和效益是 HRBP 的重要工作，也是 HRBP 价值的突出体现。在进行这项工作时，HRBP 要具有前瞻性，主动开展流程优化工作以支持业务发展。在具体操作上，HRBP 可以通过绘制业务流程图的方法对流程进行分析，找出流程中不合理的地方进行优化，提高业务部门的工作效率。

3. 增值服务

增值服务即 HRBP 利用人力资源专业知识进一步提升业务部门的业务水平，

例如为业务部门提供 EAP 项目（EMPLOYEE ASSISTANCE PROGRAM，对员工进行定期心理辅导的项目）支持。一些业务部门的员工工作压力较大，如果得不到有效疏导，其工作积极性就会下降，甚至消失。这时 HRBP 就可以推动 EAP 项目的运作，及时有效地疏导员工心理。

在根据实际情况确定可提供的增值服务时，HRBP 需要分析业务目标和员工能力现状，明确员工能力现状与业务目标要求的能力标准之间的差距，再利用人力资源专业知识，通过培训等手段帮助员工提升能力，达到业务目标要求的能力标准，从而促使业务目标更好地实现。

8.2 协调业务部门内部矛盾

在业务部门运作过程中，内部矛盾是十分常见的，对此，HRBP 要协调好业务部门的内部矛盾，分析矛盾产生的根本原因，有针对性地解决问题。在员工之间存在冲突时，HRBP 也要通过"搭场子"的方式为员工提供沟通平台，协调员工之间的矛盾。同时，HRBP 也需要关注并及时化解员工情绪，或通过 MCEC 分析法优化员工关系。

8.2.1 透过现象看本质：找到根本原因

协调员工之间的关系、解决业务部门的内部矛盾是 HRBP 的重要工作。一些 HRBP 在发现业务部门的内部矛盾时也积极进行了解决，但结果却不尽人意。原因就在于他们没有意识到业务部门产生矛盾的根本原因。导致业务部门产生矛盾的原因是多方面的，员工的综合素质，业务部门经理、主管等的管理方式、行事作风，公司的政策等都可能导致业务部门产生矛盾。

案例一：某公司业务部门招聘了一批新员工，其中有一名员工性格张扬，难以管束，在工作中多次与其他员工产生摩擦，影响了业务部门的工作氛围。

随后，HRBP 经过与业务部门经理沟通，扣发了该员工当月的绩效薪酬，并随之与其解除了劳动合同。

在上述案例中，业务部门产生矛盾的原因是个别员工综合素质差，将这样的员工及时剔除，能够化解业务部门的矛盾。

案例二：某业务部门进行人事调动，将两个长期表现突出的员工提拔为部门主管。但任命下达后，其中一名主管的心态就发生了变化，经常在工作中强调自己的权力，不愿倾听其他员工的反馈，虽然他成了小团队的主管，但与员工之间的关系很差。后来在进行一项工作时，该主管独断专行，作出了错误的决策，给公司造成了一定的损失。该公司的 HRBP 针对这一问题对其进行了诫勉谈话，表示如再出现类似问题则对其进行降级处理。

在上述案例中，业务部门产生矛盾是因为部门主管的工作作风、行事风格存在问题，对其进行诫勉谈话或将其职位进行调整能够化解这一矛盾。

案例三：某公司业务部门的考核以部门为分配单位，绩效奖励由部门经理进行二次分配，因此部门经理有很大的权限。某次季度绩效奖金发放后，业务部门的奖金分配引发了员工争议，内部矛盾越来越突出。针对这一问题，该公司的 HRBP 细化了业务部门的绩效奖励政策，明确了员工应享有的利益和部门经理的审批权限，使业务部门的利益分配在细化、量化的基础上更加公平、公正。

业务部门产生矛盾的原因多种多样，HRBP 在处理这些问题时，最忌讳的就是"一刀切"，将所有矛盾都通过同样的方式解决。一些 HRBP 往往不会探究事情真相，只是将产生矛盾的双方"各打五十大板"，这样的解决方式无法从根本上解决问题。在处理业务部门的内部矛盾时，HRBP 要对矛盾本身和产生矛盾的双方进行仔细分析，看到矛盾背后的原因，同时明确产生矛盾的根源，在此基础上有针对性地解决矛盾。

8.2.2 通过"搭场子"解决员工的冲突

当业务部门的团队或员工之间产生冲突时，HRBP 就需要通过"搭场子"的方式搭建不同的场合，如会议、聚会、团建活动等，让两个或多个存在矛盾的团队或员工借助这一机会进行沟通，让他们充分表达自己的想法，并最终形成解决方案。HRBP 要做的就是搭建这样的场合并把控矛盾双方的沟通过程。

秦力是某互联网公司的 HRBP，最近他发现产品部门经理和技术部门经理产生了矛盾，为解决这一问题，他准备为双方搭建一个场合——组织一次会议。

首先，秦力先和产品部门经理进行了沟通，询问了其在日常工作中存在哪些问题、与技术部门经理产生矛盾的原因是什么等，并认真倾听了其表达的重点问题。之后，秦力表示，对于这些问题，自己会和技术部门经理进行沟通，同时希望大家可以一起开个会，双方可以交流自己的观点和期许，再一起探讨解决问题的方案。产品部门经理同意了。

接着，秦力又去找了技术部门经理，以同样的方式了解了他的需求，并表达了召开会议的想法，最终得到了对方的同意。

最后，秦力将产品部门经理和技术部门经理召集到一起，召开了会议。在这个会议中，产品部门经理和技术部门经理就产品研发问题展开了激烈讨论，甚至最后吵了起来。秦力并没有制止，而是从双方的沟通中提炼重点，将双方存在的矛盾点一一记录了下来。

明确双方的关注点和矛盾点之后，秦力就这些内容和双方进行了沟通，并提出了初步的解决方案。针对这一方案，三个人又进行了深入讨论，最终确定了相对完善的解决方案。产品部门经理和技术部门经理之间的矛盾也得到了化解。

当业务部门内部产生矛盾、员工之间产生冲突时，HRBP 需要为其搭建一个合适的场合，让矛盾冲突双方有机会充分表达自己的想法和诉求。在这一过程中，HRBP 不需要考虑会议或聚集的主题等，只需要做好引导工作。

在双方进行沟通时，HRBP 需要记录重点内容，这往往是矛盾的焦点。当双方情绪失控，话题跑偏时，HRBP 需要及时将他们的话题拉回来。此外，当双方在沟通中提出了某些方案时，HRBP 需要引导双方对解决方案进行分析，或自己提出初步的解决方案请双方分析，最终形成一个可操作的解决方案，以此化解双方之间的矛盾。

8.2.3 少说命令，学会建议

刘威是某产品制造公司的 HRBP。某天，销售部门经理李强向他诉苦，说员工越来越不好管理，自己对员工提出的批评员工并不在意，甚至有的员工会因此和他发生争吵，部门内部矛盾重重。

为了了解这一问题，刘威参加了销售部门的周例会。在周例会上，李强总结了上周销售目标完成情况，对销售业绩不好的员工提出了批评，同时确定了这一周的销售目标，向员工多次强调必须完成目标。

会议结束后，刘威明白了李强与其他员工产生矛盾的原因。原来，李强在工作中比较强势，在与员工沟通时经常用命令的口吻，如"这件事必须这么办""你必须听我的"等，当员工为绩效不佳提出反馈意见时，他也会认为是员工不努力工作的狡辩。在这种沟通不畅的情况下，员工极易与李强产生冲突。

了解到这一情况后，刘威与李强进行了沟通，指出其在与员工沟通时存在的问题。刘威说："你应该注意自己与员工沟通的方式，很多时候，相比于命令，提出建议的方式更能让员工接受。尤其是在指出员工的工作缺陷时，命令的方式容易激化你与员工之间的矛盾，而提出建议的方式则显得和缓许多。"

李强也意识到了自己的错误。在之后与员工沟通的过程中，他开始尝试着理解员工的想法和感受，试着用提出建议的方式和员工进行沟通。

在之后的一次周例会上，李强对上一周的销售业绩进行了总结，虽然销售业绩相比之前有所提升，但还是难以完成预期的销售目标。针对这一问题，李强和员工进行了讨论。这次，他不再强硬地要求员工改进工作，而是指出了这一问题，同时询问员工"我们有什么办法能够如期完成销售目标""有什么办法能够改进当前的工作"等。在得到了员工反馈，明确了解决方法后，他也没有直接向员工下达命令，而是对员工表示"针对这一问题，大家可以试着这样做"。经过一番沟通，会议顺利结束。

很多业务部门的管理者都像李强一样，在与员工沟通的过程中习惯强调自己的观点和权威，习惯命令员工，当员工工作失利时，也会对其进行严厉的批评，这些都会使员工与管理者之间产生矛盾。HRBP可以从两个方面解决这一问题。

首先，HRBP要以身作则。在与员工沟通的过程中，HRBP要学会倾听，了解员工的想法，对于员工工作中存在的问题，也要通过提出建议这一和缓的方式进行沟通。

其次，HRBP要了解业务部门经理、主管的沟通方式与行事风格，一旦发现其在沟通方面存在问题，就要及时提出建议，使其调整自己不当的沟通方式，避免引发矛盾。

建议比命令、批评更适合员工，这是一种更容易被员工接受的方式，更容易让员工感受到尊重。同时，这样的沟通方式也更能激发员工的工作积极性和创造性。

8.2.4 管理员工情绪

业务部门的工作往往十分繁忙，在工作压力之下，员工可能会产生焦虑、迷茫等不良情绪。不良情绪不仅会导致员工的工作效率下降，也会使员工之间的摩擦不断，极易引发冲突。为解决员工间的冲突，降低发生冲突事件的概率，HRBP有必要对员工情绪进行管理。

员工产生不良情绪的原因是多方面的：对职业发展的困惑，工作进展不顺利，人际关系复杂等。HRBP可通过"望、闻、问、切"来剖析员工产生不良情绪的原因，并提出有针对性的解决方案。

"望"就是观察。HRBP 可通过观察员工的精神状态、工作态度等，把握员工情绪。

"闻"就是感受。HRBP 可通过换位思考，把握员工对企业制度、工作环境、工作内容等方面的切身体会。

"问"就是交流。如果 HRBP 发现某些员工存在抱怨、焦躁等消极情绪，则可以通过个别交谈的形式，对员工情绪进行深入了解。

"切"就是评估。HRBP 可以设计员工情绪的评估方法和评估指标，对员工情绪进行评估，并对评估结果进行分析，了解员工情绪的特征。

了解了员工情绪之后，HRBP 可以通过以下方法对员工情绪进行管理。

1. 营造氛围

每个企业、部门都有一定的工作氛围，如愉快的工作氛围、沉闷的工作氛围等。在愉快的工作氛围中，员工不易产生冲突和矛盾，即使产生误会，也能够很顺利地化解；在沉闷的工作氛围中，员工会感到十分压抑，不愿意沟通，往往一件小事就能够引发员工之间的矛盾。

因此，HRBP 需要在业务部门中营造良好的工作氛围。可以通过动员会议的方式激发员工的工作积极性，并对员工提出的问题给予适当帮助。同时，HRBP 在和员工沟通的过程中，也要注意自己的情绪和态度，不要给员工太多压力。

2. 完善企业文化

企业文化是一种组织规范，对调节员工情绪具有重要作用。如果企业文化中有明确的愿景凝聚员工，有正确的、得到员工认可的价值观和团队精神，那么就能够激发员工超越个人情感，以一种一致的情绪为达成愿景而奋斗。因此，HRBP 有必要完善企业文化，通过不断宣传企业的价值观和愿景凝聚人心、激发斗志。在企业文化的引领下，员工也愿意以更积极的态度解决彼此之间的矛盾。

3. 保持良好的沟通

良好的沟通能够有效地引导员工情绪，HRBP 需要保持和员工的沟通，及时倾听员工反馈，如发现员工产生不良情绪，可通过面谈的方式疏导其情绪。

同时，在日常管理过程中，HRBP 也要注重对员工的鼓励，表达出对员工的信任，以激发员工的积极情绪。员工得到的鼓励与信任越多，产生的积极情绪越多，也会将这种情绪带到工作中，感染更多的人。

8.2.5　MECE 分析法：4 步优化员工关系

员工关系管理的目的是优化员工关系，推动工作顺利进行，提高工作效率。而这却是很多 HRBP 面临的难题，有的 HRBP 想要采取措施优化员工关系，却不知从何下手，有的 HRBP 采取了一些优化员工关系的措施，却收效甚微。

要想优化员工关系，HRBP 就需要具备清晰的逻辑思维，明确开展工作的步骤。在这方面，HRBP 需要学会 MECE 分析法，掌握逻辑思维技巧。

什么是 MECE 分析法？MECE 分析法又叫"排他法""网罗法"，即将某个整体划分为不同的部分，并保证各部分之间相互独立，没有重叠，有排他性，并且划分没有遗漏。它是由麦肯锡咨询公司的一名咨询顾问从金字塔原理中提出的一项重要原则。运用到员工关系沟通与谈判中，就是指 HRBP 要对有关于员工关系的各项问题进行分类、分层思考，从而找出问题的核心，并提出解决措施。

运用 MECE 分析法，HRBP 能够避免以偏概全和逻辑混乱。MECE 分析法的具体操作流程如图 8-2 所示。

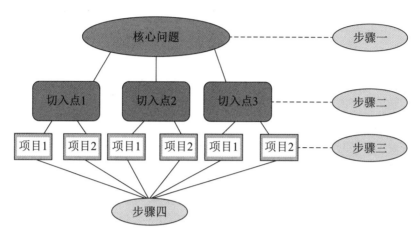

图 8-2　MECE 分析法的具体操作流程

步骤一：确认核心问题。HRBP 需要确认员工关系管理或员工间产生矛盾的根本问题，并以此为目的着手搜集资料。

步骤二：寻找合适的切入点。HRBP 可以从问题本身和分析的目的来寻找切入点。切入点往往不止一个，HRBP 需要从尽可能多的角度去拆解一件事情，从不同的角度去思考，发现最有助于解决问题的逻辑线。例如，对于"员工流失率高"这一核心问题来说，员工绩效、员工福利、培训力度等都是合适的切入点。

步骤三：划分项目。划分项目需要做到不重叠、不遗漏，HRBP 可以依照"某事和某事之外"的分类方法，将需要分析的员工整体分为新员工和老员工，也可以依据要素分析方法，将员工按照年龄段进行分类。

步骤四：确认正确。HRBP 需要确认划分的项目无遗漏、无错误。

通过以上 4 个步骤，HRBP 可以建立起逻辑框架，将问题进行拆解并逐一分析，最后据此设计出更完善的解决方案。例如，根据员工绩效、员工福利、培训力度等切入点，HRBP 可以在每个切入点下将员工分为新员工和老员工两个部分，最后通过分析新员工的绩效和老员工的绩效、新员工的福利和老员工的福利、新员工的培训力度和老员工的培训力度等找到员工流失率高的原因。通过对这些原因进行综合分析，HRBP 可以设计出更加有效的解决方案。

8.3 拒绝为业务部门"背锅"

HRBP 的工作职责是辅助业务部门开展工作,为其工作提供指导和建议,业务部门的决策权在业务部门经理的手里。因此,当业务部门的工作出现问题时,HRBP 不能为业务部门"背锅",要让业务部门经理承担起相应的责任,HRBP 需要做的就是辅助其开展工作,打开局面。

8.3.1 让业务部门承担起人员管理的责任

某公司销售部门最近人员流失严重,近 3 个月内已经有 3 名员工离职。销售部门经理赵杰心急如焚。在一次会议中,他向公司 HRBP 何亮抱怨:"我们部门的员工频频离职,优秀的员工都被竞争对手挖走了。你们要做好人力资源管理工作,多想办法,把员工留住。"

何亮听了这番话感觉十分委屈,认为员工离职的原因并不在于自己的工作没有做好。其实,在这些员工离职前,他都对其进行过面谈,根据这些员工的反馈,其离职的原因并非薪酬低,而是部门内部管理混乱,工作氛围不好,工作进步、绩效提升得不到认可,而工作失误时则会遭到严厉批评。在这种情况下,员工的工作积极性不断降低,当外部出现更有吸引力的就业机会时,员工自然会提出离职。

何亮向赵杰表示,他分析了离职人员的反馈,认为销售部门的人员管理工作有待改进,因为其他业务部门的离职率都比较正常,只有销售部门的离职问题比较严重。针对这一问题,何亮建议赵杰和本部门员工沟通一下,听一听员工的反馈和建议。

赵杰采纳了这一建议,随后召开了部门集体会议,并对几名核心员工进行了单独面谈,倾听了他们的反馈。对这些反馈内容进行分析之后,赵杰意识到人员管理存在问题,于是他召集几名主管召开了会议并讲述了这一问题,几名主管也意识到了问题的严重性。随后,经过一番商讨,赵杰制定出了解决方案,表明之后的工作依据这一解决方案执行,认可员工的努力和付出,给予员工更多的尊重和关心，营造更好的工作氛围。

经过一段时间的调整，销售部门的员工离职率大大降低，部门绩效进而提高。

上述案例中的情况在很多企业中都十分常见，当业务部门出现问题时，业务部门经理总是将原因归结为HRBP工作不到位，而缺乏对本部门工作的反思。其实，业务部门经理、主管才是人员管理的责任人，他们和员工朝夕相处，他们的管理理念、管理风格时刻影响着员工。这些管理者的人员管理工作做得好，员工就会士气高涨、工作积极；人员管理做得不好，员工就会士气低落、工作积极性下降，甚至离职。

HRBP需要让业务部门管理者意识到他们是人员管理工作的责任人，并不断提升其管理能力。

首先，HRBP需要做好业务部门管理者的思想培训，让其树立起"我的团队我管理"的意识。其次，HRBP需要对业务部门管理者进行人力资源管理培训，让其了解人力资源管理的理念，掌握人力资源管理的方法，提升其人员管理能力。

8.3.2 目标细化，责任到人

很多时候，HRBP为业务部门"背锅"的原因是业务部门员工职责不明，当工作出现问题时，业务部门找不到清晰的负责人，员工之间相互推诿，进而将责任推到HRBP的身上。

魏子航是某互联网公司的HRBP，在新季度开始之初，他为业务部门制定了季度考核目标，并细化为月度考核目标和周目标，将考核目标落实到了每个员工的身上。结果半个月之后，业务部门经理找到魏子航，指责其制定的目标并不合理，许多员工都没有按时完成目标。

为查明原因，魏子航对业务部门员工的工作情况进行了调查，结果发现，员工的责任心不强，遇到困难时往往不会及时向他人请教；对于工作中涉及的需要协作完成的工作，员工也并不积极沟通，导致工作进度缓慢。

了解到这一问题后，魏子航和业务部门经理进行了沟通，同时建议加强对员工的管理，让员工签订目标责任书。业务部门经理明白自己错怪了魏子航，向他表示了歉意，同时接受了他的建议。

随后，业务部门召开了部门会议，在会议中，部门经理针对员工工作不积极的问题提出了批评，同时公布了魏子航设计的目标责任书，如表8-1所示。

表8-1　业务部门季度目标责任书

根据公司的总目标，并综合考虑市场竞争、历史业绩、产品实际情况等多种因素，为了充分调动每位员工的工作积极性和工作热情，保证公司总目标能够顺利实现，在公平、公正、自愿的基础上，特别制定出2020年第二季度目标责任书，并在该责任书中明确每位人员的目标和责任。 一、目标责任人： 二、目标任务： 三、完成目标的时间期限：2020年4月1日—2020年6月30日 四、责任人应尽的义务： 在签订年度目标责任书以后，责任人应该履行以下几项义务： 1. 把完成工作目标作为未来工作的重心，做好规划，勤奋工作，尽自己最大的努力去完成目标。如果目前的模式存在问题，及时改进，公司也将不定期地进行监督、考核。 2. 做好市场分析，及时向主管提交分析报告，为公司战略的制定提供有价值的依据。 3. 严格控制成本，做到不泄露公司机密、不违背职业道德，切实保障公司利益。 4. 自愿接受主管、公司高层等管理者的监督。 5. 在岗期间，不得做与工作无关的事情，不得从事工作之外的第二职业，不得损坏公司的声誉。 6. 严格遵守公司规章制度。 7. 严格遵守国家的法律法规。 五、考核目标的办法 各责任人应该按照工作目标，安排好自己的工作。公司会成立一个或多个考核小组，对各责任人进行考核。 六、奖惩方案 1. 奖励标准 把完成目标的情况作为奖励的标准。如果100%完成了工作目标，那就要获得相应的奖励，奖励数额根据个人的销售额和利润来确定。 2. 奖励方式 公司可以提供现金、旅游、股份等多种奖励方式，具体方式由责任人和公司协商决定。 3. 对于没有完成目标的责任人，公司要对其进行考核，根据考核结果决定是否作出处罚。 监督人：　　　　　　　　　　　　　　　　　　　　责任人： 　　　　　年　　月　　日　　　　　　　　　　　　　　　　　年　　月　　日

在会议的最后，业务部门经理让员工签订了目标责任书，进一步明确了

员工的职责，同时这份目标责任书也包含奖励措施，能够对员工起到激励作用。经过一段时间调整后，员工的责任感和工作积极性大大提高，最终顺利完成了业务目标。

为了避免为业务部门"背锅"，HRBP需要明确自身的工作范围和职责，不承担与自己无关的责任。同时，为了在业务部门工作产生问题时能够精准问责，HRBP有必要让员工签订目标责任书。目标责任书能够让员工清楚地意识到自己的职责，也能让业务部门认识到责任所在。

8.3.3 如何帮助业务部门打开局面

当业务部门经理在人员管理方面遇到问题时，往往会和HRBP沟通对策，这时HRBP应如何帮助业务部门经理打开局面、解决问题呢？

首先，HRBP需要和业务部门经理就人员管理问题进行讨论和分析，从业务和人力资源管理两个方面分析原因并提出解决方案。

其次，当人员管理问题复杂、较难处理时，HRBP需要将问题进行分解，将容易解决的问题作为切入点，逐步解决问题。同时，HRBP需要针对复杂的解决方案做好长远规划，步步为营，保证问题能够彻底解决。

再次，HRBP需要就整个解决方案的方方面面和实施步骤等和业务部门经理做好沟通，确保双方达成一致意见。在解决方案实施过程中，人员管理问题可能会发生变化，或者解决方案会引起其他问题，HRBP需要做好监控，如发现异常需及时和业务部门经理进行沟通并及时调整解决方案。

最后，HRBP要牢记业务部门的决策权在业务部门经理手里。如果某问题存在多个解决方案，HRBP可以全部提出来请业务部门经理决断；如果业务部门经理对HRBP提出的方案不满意，HRBP也要询问原因，并对方案进行完善。HRBP不可以在业务部门经理未批准的情况下对业务部门的人员进行调整。

第 9 章
运营管理：为企业运营保驾护航

HRBP 的工作与企业运营密切相关。HRBP 作为业务部门的合作伙伴，需要站在业务部门的角度思考业务部门的运营方向与目标，并据此进行员工管理，做好员工招聘、员工职业生涯规划、绩效管理、培训管理等工作，为企业运营赋能。同时，HRBP 需要提高组织运营能力，激活组织效能，在推动企业运营优化和变革的过程中发挥自身价值。

9.1 为运营赋能

HRBP 的工作涉及业务和人力资源两个方面，能够站在更全面的角度为企业运营赋能。为做好这项工作，HRBP 需要具备产品化思路，提出有针对性的人力资源解决方案，并借助数据对员工进行精细化管理。

9.1.1 产品化思路

产品化思路就是从客户角度出发思考客户对产品的需求。对于 HRBP 来说，其工作的主要对象是业务部门，那么 HRBP 就可以将业务部门当作自己的客户，将自己的工作产品化。

例如，培训是 HRBP 的重要工作，树立起产品化思路以后，HRBP 就可以将培训工作作为一项产品。在组织网络培训时，为了达到吸引客户的目的，HRBP 就需要在课件设置、讲解方式、平台选择等方面进行综合考虑。同时，为了让接受培训的员工更好地掌握培训知识，HRBP 还可以推出知识性短视频，用几分钟介绍一个事项，如"5 分钟了解如何提取公积金""3 分钟告诉你高效办公的方法"等，这些就体现了产品化思路，目的是让客户更好地接受产品。

再如，HRBP 也可以将团建活动产品化。许多公司在组织团建活动时，都是人力资源部门按照惯例或公司传统在固定时间组织固定活动，而这样的活动往往难以满足所有部门的需求。在树立起产品化思路之后，HRBP 需要分析并尽可能地满足客户需求。HRBP 可以制定出几套不同的活动方案，由各部门根据自己的意愿自主选择并自行组织，这也体现了产品化思路。

很多 HRBP 在对业务部门进行培训时都会发现，一些培训内容理论性很强，往往培训过后员工都反映听不懂，自己也感到很苦恼。其实这就是没有树立起产品化思路，如果将培训当作一件产品，从客户角度思考问题，HRBP 就会主动将专业的理论知识转变为员工能够听懂的语言，力求将培训内容讲明白。

要想做好自己的工作，更好地为企业运营赋能，HRBP 就需要树立产品化思路，将思维从"我本该做什么"转变成"客户需要我做什么"。工作思路转变之后，HRBP 的工作方式才会转变，才能够更好地为企业运营助力。

9.1.2　有针对性地提出人力资源解决方案

人力资源管理是 HRBP 的重要工作，HRBP 需要根据企业运营状况，提出有针对性的人力资源解决方案，以此提高企业运营效率，推动企业发展。具体而言，HRBP 需要注意以下几个方面。

1. 人力资源规划要有针对性

企业的人力资源规划是根据企业战略制定的，体现了企业运营方向和目标。一些企业的人力资源规划十分符合企业战略，但在实施过程中却屡屡受阻，原因就是人力资源规划没有体现出员工的需求，受到了员工的排斥。员工是人力资源规划的主要参与者，因此，在进行人力资源规划时，除了关注企业战略外，HRBP还要从战略、组织、制度等方面挖掘员工的成长需求和职业发展需求，将公司的发展和员工的成长结合起来。

2. 招聘要有针对性

招聘对于很多HRBP来说是一个难题，因为很多时候他们招聘到的员工并不能满足业务部门的需求，这就要求HRBP要提出有针对性的招聘方案。

首先，HRBP需要和业务部门做好沟通，了解和细化业务部门的用人需求，对于其中模糊的要求，HRBP需要和业务部门进行确认，同时也要提出招聘需求中不合理的地方，为之后开展工作打好基础。

其次，HRBP要对求职者进行深入了解，了解他的求职动机，通过互联网查询他的学历认证报告，通过专业测评了解他的专业技能、性格、背景等，关注求职者的情感需求和发展需求，以便更精准地招到适合公司的优秀人才。

3. 培训要有针对性

在对员工进行培训时，HRBP要制定好有针对性的培训方案。具体而言，HRBP需要做好以下几个方面的工作。

（1）确定培训主体和培训目的。接受培训的是新员工还是老员工？员工的岗位是什么？为什么要开展这个培训？HRBP需要思考以上问题，明确培训主体和培训目的。

（2）针对培训主体和培训目的设计课程。在设计培训课程时，HRBP需要考虑培训主体的特点。如果培训主体是"90后""95后"等年轻员工，HRBP就可以在培训课程中加入游戏互动环节，以激发员工的学习热情。同时，为了更好地实现培训目的，HRBP需要设计好培训课程的各个环节，如讲授环节、实践环节、提问环节、讨论环节、游戏互动环节等。

（3）根据实际情况随时调整培训内容。在培训过程中，员工会随时提出问题，当员工提出了某些重点问题时，HRBP 就需要对其进行详细讲解，或者补充额外的课程。

4. 薪酬管理要有针对性

薪酬管理是人力资源管理的重点，HRBP 需要针对员工特点设计出有针对性的薪酬解决方案。例如，某互联网公司的员工大多为朝气蓬勃、充满干劲的年轻员工，为激发这些员工的工作积极性并充分发挥其价值，该公司的 HRBP 在设计好合理的基础工资的基础上，又设计了充满激励性的浮动薪酬方案，员工凭自己的绩效多劳多得，极大调动了工作积极性。

除了物质需求外，这些年轻员工也十分重视精神需求，希望在工作中得到认可，为此，HRBP 又设计了一套荣誉激励方案，将员工的工作表现与晋级、评优联系起来，对员工进行表扬、奖励等。这种精神激励能够成为鞭策员工保持良好业绩或行为的力量，还可以对其他员工产生感召力，激发其他员工为获得荣誉而努力。

9.1.3 用精细化数据进行人力资源管理

员工是企业运营的主体，要想提高企业运营效率，HRBP 就需要做好员工管理工作，做好人力资源管理。近几年，大数据火热发展并获得了越来越多的关注，也大大改变了人们的思维方式。大数据在人力资源管理工作中的应用，让人力资源从经验式管理转变为精细化管理。

在大数据时代，HRBP 需要重视对数据的收集和应用。在大量精细数据的支持下，HRBP 能够作出更科学的决策，使人力资源管理更加合理。那么，HRBP 应如何用数据有效地驱动人力资源管理呢？HRBP 需要对企业的业务和人力资源工作进行数据挖掘与分析，依托数据对员工进行管理，为企业提供助力，从而提高企业运营效率。

具体而言，HRBP 需要注意以下几个方面，如图 9-1 所示。

图 9-1 如何用数据进行人力资源管理

1. 用数据找人

HRBP 需要为企业找到合适的人才，为此，HRBP 需要做好人才追踪，了解人才流动状况，同时了解企业的历史招聘数据，并与行业、地区、职位数据做对比，根据人才供给状况、人才市场动态等分析人才流动趋势。

一些 HRBP 会统计企业的人力资源数据，却很少和行业数据进行对比。以招聘为例，HRBP 只了解企业的招聘完成率、招聘周期是远远不够的，还应了解这些数据在行业内的水平，根据对比结果，分析招聘工作在哪些方面存在欠缺，从而进行有针对性的改善。同时，HRBP 还要了解市场上某类职位所需人才的流动状况，包括人才特点、分布地区、薪资水平等，以此来选择招聘广告的投放渠道。

2. 用数据识人

HRBP 在招聘时经常会遇到这样的问题：收到了数百份简历，面试了数十人，最后却只招到一个人。造成这种结果的原因是多方面的：可能在发布招聘广告时，选择了不合适的招聘渠道或职位描述不准确；可能在简历筛选阶段，没有根据职位要求筛选出合适的求职者。要想知道企业需要什么样的人才，HRBP 不仅要统计招聘数据，还要分析员工的试用期表现、在职绩效和离职情况等。

通过对这些数据的分析，HRBP 能够总结出适合企业的人才的普遍特点，能够根据人才的基本信息、工作状况、潜质、行为等绘制出人才画像，再反作用于职位定位、筛选标准的制定等。这有助于HRBP招到更适合企业的人才，也有助于这些人才发挥更大的工作价值。

3. 用数据育人

HRBP需要了解如何管理、培养人才，包括了解人才的长处和短板、与团队的匹配度，应如何挖掘其潜力，如何制订培训计划等。因此，HRBP需要充分运用招聘、绩效考核、培训等方面的数据，对人才进行有针对性的、科学的培养。

4. 用数据留人

新员工通过试用期考核后才会成为企业的正式员工，同时员工的晋升也离不开绩效考核，HRBP需要为员工的转正、晋升等制定明确、科学的标准，为此，HRBP需要分析员工的试用期表现、转正表现、晋升前和晋升后的工作表现等方面的数据，确保考核标准科学合理。

在人力资源管理的各个方面，HRBP都可以依据数据进行科学决策。这能够使HRBP对员工的管理更加符合企业战略和运营需要，更好地推动企业发展。

9.2 重塑组织能力

在当前的企业竞争中，传统的资金、先天优势等"硬件"竞争优势越来越不能持续，很多企业都在打造自己的"软件"竞争优势——组织能力。组织能力描述了企业在竞争中的专长，表明了企业在市场中发展的可能性，学习知识的能力、与合作者建立联系的能力等都是组织能力的表现。

组织能力影响企业运营效率，HRBP需要对组织现状进行分析，找准提升组织能力的发力点，激活组织效能，激活一线员工。只有这样，组织能力才能够得到有效提升，最终助力企业运营。

9.2.1 规划组织能力提升方向

市场中有很多这样的企业，它们能够在短时间内迅速崛起，但难以持续成功，最终以失败收场。这些企业缺乏的正是组织能力。

组织能力指的是一个企业所发挥的整体战斗力，是一个组织竞争力的 DNA，也是一个企业能够在某些方面超越竞争对手、为客户创造价值的能力。

提升组织能力必须配合企业战略。首先，HRBP 需要分析企业所处的经营环境，选择正确的战略方向。其次，HRBP 需要依据战略方向，分析组织能力的不足之处，规划组织能力提升方向。

支持战略执行的组织能力需要有 3 个方面的支撑。

1. 员工能力

组织能力需要员工能力的支撑，即企业全体员工必须具备执行企业战略、打造组织能力的技能和素质。如何培养员工能力？HRBP 需要思考以下几个问题。

（1）要打造组织能力，企业需要具备什么样的人才？这些人才需要具备什么能力和特质？

（2）企业目前是否有这样的人才储备？在哪些方面存在欠缺？

（3）如何引进、培养、留存合适的人才？

2. 员工思维模式

员工会做不等于愿意做，其思维模式也是组织能力的重要支撑因素。HRBP 需要调整员工思维模式，让员工将工作中所关心和重视的事情与企业所需的组织能力匹配。在员工思维模式方面，HRBP 需要考虑的问题包括以下几个。

（1）员工需具备什么样的思维模式和价值观？

（2）如何建立这些思维模式和价值观？

3. 员工治理方式

员工具备了必要的能力和思维模式后，HRBP 还必须为其提供有效的管理支持和资源，才能让其充分发挥自身价值，执行企业战略。在员工治理方面，HRBP 需要考虑以下几个问题。

（1）如何设计满足企业战略需要的组织架构？

（2）如何充分整合资源，把握商机？

（3）企业的关键业务流程是否具有一定的标准并足够简洁？

（4）如何建立支持企业战略的信息系统和沟通机制？

组织能力离不开员工能力、员工思维模式、员工治理方式这 3 个方面的支持。在规划组织能力提升方向时，HRBP 可以以企业战略为基础，分析在战略执行过程中，以上哪方面存在欠缺，并据此确定组织能力提升方向。

如果员工能力是企业的弱项，那么 HRBP 就需要对现有员工进行培训、培养，并积极引入人才；如果员工思维模式是企业的弱项，员工有能力但是不愿意这样做，那么 HRBP 就需要改进企业的绩效管理和激励体系；如果员工治理方式是企业的弱项，那么 HRBP 就需要完善企业各项管理制度，提高员工的纪律意识。

9.2.2 激活组织效能

组织效能是指组织实现目标的程度。在市场竞争日益激烈的当下，在市场环境中发现机遇、获得效益越来越困难，因此，很多企业都将眼光放到内部，通过激活组织效能来提高效益。组织效能提升成为企业运营发展的重要议题。

组织效能体现在能力、效率、质量和效益 4 个方面。

（1）能力：组织的运作能力和发展潜力，包括资本、资源、技术、人才、组织能力等多个方面。

（2）效率：组织需要不断提升运作效率。

（3）质量：组织所提供的产品或服务能够满足客户的需求，体现组织存在的价值。

（4）效益：组织运作过程中的产出，包括员工报酬、税收、利息等。

为什么激活组织效能十分重要？任何企业都是以为客户创造价值为宗旨。客户价值的来源是企业价值创造的活动，这种运作过程称为价值链，如图 9-2 所示。

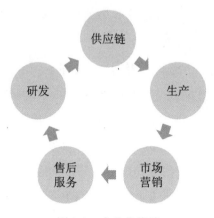

图 9-2　企业价值链

HRBP 需要研究企业价值链中的各个环节，从中寻找组织效能的提升点。一般而言，组织效能的提升点包括以下几个方面。

1. 战略绩效管理

战略绩效管理包括以下内容。

（1）战略和绩效挂钩：HRBP 应将战略和绩效联系起来，根据战略明确绩效目标与责任分配，并制定完善的绩效管理方案。

（2）组织协同：HRBP 需要围绕绩效管理目标进行纵向、横向协同，明确企业整体绩效、部门绩效和个人绩效，确保绩效管理工作稳步推进。

（3）绩效管理体系化：HRBP 需要制定完善的绩效管理制度和薪酬激励制度。

2. 提高人效

在提高人效方面，HRBP 首先需要制定具有激励性的薪酬体系，保证多劳多得，激发员工的工作积极性；其次，HRBP 需要合理利用人才，了解不同人才的优势和潜能,并将其放到合适的岗位上;再次,HRBP 需要制定合理的绩效目标并做好资源的合理配置,为员工提供必要的资源支持;最后,HRBP 要监督员工的工作,和员工保持沟通,减少员工出错的概率。

3. 优化组织结构

优化组织结构同样能够激活组织效能,HRBP 可以通过以下方法优化组织结构。

(1)合并冗余部门,职能相似的部门可重组或撤销。

(2)拓宽管理范围,管理幅度一般为 8 人,如管理幅度过小可将其合并。

(3)整合业务单元,按产品、区域、渠道等进行资源整合。

(4)精简管理层级。

4. 优化工作流程

工作流程优化能够很大程度地提高组织效能。HRBP 需要剔除不必要的活动和环节,使工作流程清晰简洁。HRBP 可以从以下几个方面入手。

(1)引入自动化设备或系统,使自动化代替人工。

(2)外包非核心业务,集中资源开展核心业务。

(3)对业务流程进行分析,并对其不合理之处进行改造。

HRBP 可以从战略绩效管理、提高人效、优化组织结构和工作流程等方面入手,激活组织效能,保证企业战略目标的实现。

9.3 在变革中发挥价值

企业战略受外部环境影响,当外部环境发生变化时,企业往往也会随之进行变革。在企业进行变革的过程中,HRBP 起着十分重要的作用,无论是变革方案的制定还是落地实施,都离不开 HRBP 的支持。HRBP 需要意识到自己在企业变革中的重要作用,并充分发挥自己的价值。

9.3.1 为组织"号脉"

HRBP 在进行组织变革时不能盲目蛮干，应当针对当前组织中存在的问题和未来发展需要进行决策。但怎样才能判断企业出现问题一定就是组织"惹的祸"？如何判断组织的功能已经不再有效，需要通过变革来提升组织能力？

在这方面，HRBP 需要为组织"号脉"，分析组织架构对企业的贡献。组织架构对企业价值创造的功能可以概括为 3 个方面：效能、效率和安全。通过分析以上 3 个方面的状况，HRBP 可以为组织"号脉"。

1. 效能

效能体现了实际产出与预期产出的比例。组织效能反映了组织对企业目标的支撑作用、对企业战略的推动作用。要想保证组织效能就要保证做正确的事。如果企业的工作方向出现了偏差，那么即使组织效率再高，也无法提高组织效能。

HRBP 可以从以下几个方面分析组织效能。

（1）分析最近几年企业目标制定得是否合理，是否按时完成。如果没有完成，就要分析是不是组织问题导致了目标没有完成。

（2）分析企业战略的制定情况和实施情况。

（3）分析企业战略对组织功能的要求与组织功能的历史表现之间的差异。

（4）分析客户满意度。

企业战略的完成情况和客户满意度等都能够反映出组织效能。如果企业目标和战略的完成情况并不好，企业产出的产品或服务难以让客户满意，就表明组织效能并不如预期。这时，HRBP 就需要分析组织运作的方向是否正确，组织能力是否老化等。

2. 效率

效率体现了实际产出与实际投入的比例。组织效率指组织以资源投入、时间投入换来企业价值的能力。组织效率表现在两个方面：一是企业内部的运作效率，二是企业对外部市场变化、客户需求等的反应速度。

HRBP 可以从以下几方面分析组织的效率。

（1）分析企业计划的完成情况，包括月度计划、季度计划、年度计划等。

（2）分析工作中的相互推诿现象，明确双方的责任和产生这种现象的原因。

（3）调查员工对工作的成就感与满意度。

企业计划的完成情况能够在很大程度上反映出组织效率，为了排除干扰因素对分析结果的影响，HRBP 要重视短期计划的完成情况，并对各种类型计划的完成情况进行对比分析。在发现有相互推诿的现象时，HRBP 要分析部门之间的职能是否存在重叠、是否职责明确。在进行满意度调查时，HRBP 能够了解员工对工作流程的反馈，了解工作流程是否简洁流畅。以上这些方面都对组织效率有较大影响，HRBP 需要明确具体问题并提出解决方案。

3. 安全

组织的安全功能可以为企业运营的持续性提供保障。组织安全表现在 4 个方面：一是财务安全，企业现金流能够保障企业的正常运行；二是产品、服务的质量安全，产品、服务要符合相关标准，避免出现质量事故；三是资产和人员安全，不仅包括保全资产和保证人身安全，也包括资产的正确、充分利用和防止骨干人员流失；四是生产运营安全，生产秩序、生产状况必须合法合规。

HRBP 可以从以下几个方面分析组织安全情况。

（1）分析企业的资金损失率、应收账款、应付账款，发行债券、债务、股票市场表现等状况。

（2）分析产品或服务是否能够达到规定的质量标准，跟进质量改进情况。

（3）分析资产与人员保全性、资产利用率、人员流失率等。

（4）分析生产安全事故情况、采购情况、销售情况等。

提升组织效能和效率能够推动企业发展，而保证组织安全能够使企业更长远、更健康地发展。HRBP 在重视组织效能和效率提高的同时，也要通过健全企业安全制度,加强组织安全功能设计,为企业健康发展保驾护航。

9.3.2 承担不同的角色

企业变革是一个长久的过程,具有清晰的步骤,HRBP 需要了解企业变革的步骤,同时明确自己在不同环节中需要扮演的角色。只有在不同环节承担起自己的责任,HRBP 才能够更好地为企业变革提供助力。企业变革包括以下步骤。

1. 制造紧迫氛围

当企业内部产生对变革的强烈诉求时,变革更容易进行。因此,推动变革的第一步就是要在企业内部制造变革的紧迫感。

HRBP 在这一阶段扮演的是"唤醒者"角色,要刺痛"温水里的青蛙"。HRBP 可以在会议上向员工揭示企业面对的潜在威胁,并开诚布公地讲解变革的必要性和驱动因素,和员工一起探讨不变革可能会导致的严重后果。

在这一阶段,HRBP 需要做好多方面的沟通:一方面要将员工的不以为然、不解或不安的情绪向企业高层反馈,另一方面也要组织员工进行讨论和思考,促使员工从理性视角探讨问题的解决方案。

2. 组建变革团队

成功的变革需要一支强有力的变革团队引领员工开展工作。HRBP 在这个阶段扮演的是"发现者"角色。HRBP 要在企业中找到变革的领导者以及核心利益干系人,组成变革团队。变革团队的成员未必是企业中职位较高的人,但必须是积极寻求变革同时具有较高影响力的人。

HRBP 在这个阶段还扮演"组织者"角色,要将这些关键人员的变革意愿组织成为变革行动,要尽可能获得他们的更多支持和承诺。HRBP 需要审视变革团队的构成,确保其成员来自不同的部门、覆盖了不同的层级。HRBP 可以通过组建跨部门工作小组的方式为变革团队找到一个合适的位置,或者通过成立项目小组的方式为变革团队划出一个"改革特区"。

3. 创建变革愿景

在变革实施之初，变革团队的成员对于变革目标可能存在不同的想法。HRBP 需要做好变革的顶层设计，提炼出一个共同愿景。

HRBP 在这个阶段扮演的是"萃取者"角色，通过分析组织战略、进行专题研讨等方式确定变革的核心价值，并形成凝聚共识的变革愿景。这个愿景必须清晰、简洁，能够帮助全体员工理解为什么要变革，并激励员工为变革目标的实现采取行动。

4. 传递变革愿景

HRBP 在这个阶段扮演的是"呐喊者"角色。HRBP 要利用专题培训、主题活动、内部网站等宣传阵地，不断向员工传达变革愿景，使之深入人心。

HRBP 在这个阶段也要扮演"践行者"角色，要身体力行，率先行动，切实解决问题，让员工看到自己的行动和对变革深信不疑的态度。HRBP 可以利用培训提高员工适应变革、思考变革的能力，利用绩效反馈强化变革对绩效提升的作用。

5. 清除变革阻碍

在推动组织变革的时候，HRBP 需要区分哪些人是反对者，他们采取了哪些抵制行动；哪些人是支持者，他们是否遭到了抵制；哪些人是观望者，他们下一步会如何选择。

HRBP 在这个阶段扮演的是"风向标"角色。对于积极推动变革的人，HRBP 要及时给予认可；对于那些抵制变革的人，HRBP 也不能忽视和刻意回避，而要帮助他们理解变革，并向他们提出相应的要求；对于那些还在观望的人，HRBP 要争取他们的理解，消除他们的顾虑，给予他们切实的期望。

HRBP 在这个阶段还要扮演"扫雷者"角色，查看企业的组织架构、岗位职责描述、绩效考核标准、薪酬体系等是否与变革愿景相吻合。如果上述体系阻碍了变革的脚步，那么 HRBP 就要修订有关制度，优化有关流程，调整组织架构和人员。

6. 创造短期成效

变革团队要设法在变革之初创造一些切实可见的成果，这能够有效地激励人心，同时在一定程度上消除抵制者所产生的负面影响。每达成一个短期目标，变革团队都要向人们展示变革的成效，以便树立变革团队的威信，同时激励人们朝着下一个目标努力。反之，如在变革之初没有获得短期成效，那么变革很容易陷入胶着的僵局，也无法吸引观望者加入进来。

HRBP在这个阶段扮演的是"立木者"角色，要寻找一些容易实现的短期目标。当这些短期目标实现时，HRBP要及时奖励那些对达成短期目标作出贡献的人，以激发人们进行变革的积极性，营造更好的变革氛围。

7. 巩固变革成果

许多变革的失败，是因为过早地宣布变革已经成功。变革要取得成功，会涉及流程、制度等层次的变化，而不仅停留在表面上，HRBP要将变革切实落实在人们的日常工作中。

HRBP在这个阶段扮演的是"铺路者"角色，变革进行到哪里，制度、流程就要建设到哪里。同时，每获得一次成功，HRBP都要和大家一起分析成功的原因，总结持续改进的方法，不断完善变革愿景。同时，HRBP也要在变革愿景的指引下，为变革团队寻找新成员，以此来获得持续推进变革的新力量。

8. 融入企业文化

为进一步巩固变革成果，变革团队还需要将变革融入企业文化，使得企业日常运营的各方面都能与变革愿景保持一致。

这时HRBP充当的是"传播者"角色，要抓住机会，通过会议、内部网站、内部刊物等途径，宣传变革取得的进展，讲述变革过程中的成功故事。同时在招聘新员工和对新员工进行培训时，HRBP也要向他们表达企业的变革理念，深化新员工的变革意识。

企业变革从启动到结束是一个长期的过程，会遇到诸多阻碍，HRBP需要做好员工动员工作，制定相应的流程和制度，调整组织架构，做好人员分配，将变革落到实处，保证变革切实取得成效。在企业变革各阶段，HRBP 都要做好自己的工作，推动变革顺利进行。

9.3.3 学会任用员工

企业变革涉及员工岗位调整、新员工加入等，在员工管理方面，HRBP 需要摒弃对员工的偏见，看到员工的成长和价值，将员工放到最合适的岗位上。HRBP 需要做好以下几个方面的工作。

1. 摒弃对员工的偏见

一些 HRBP 习惯于给员工定性、贴标签。例如，认为某人不负责任、认为某人没有创新精神等，这种做法是不对的。如果对员工形成了偏见，就会影响自己的用人判断和选择，难以发挥员工的更大价值。HRBP 需要全面、客观地对员工进行评价，看到员工的优势、成长和潜力，这样才能够在员工任用方面作出科学决策。

2. 大胆起用，给予信任

为了更好地发挥员工的作用，推动企业变革，HRBP 需要给员工提供更多的发展机会。在了解员工能力的同时，要大胆任用员工，充分信任员工，这对员工的成长和企业的发展都是十分有利的。

当前大多数企业中的员工多为"90后""00后"年轻员工，他们思想活跃，不墨守成规，是极具价值的"新鲜血液"，也是极具创造性的"新锐部队"。但一些 HRBP 由于对员工缺乏正确的认识，因而对员工缺乏信任，常常以"年轻没有经验"为由，不任用这些员工。实践才能出真知，不任用员工，不锻炼员工，员工又怎么可能有经验？还有一些 HRBP 对员工的成长规律缺乏认识，总认为员工还年轻，不适合新岗位，不敢任用。

这些思想都是 HRBP 需要调整的。HRBP 需要明白，大胆任用员工：一方面可以充分挖掘员工的价值，避免造成人才浪费，另一方面也能产生有效的激励作用。许多员工对工作都是具有敬业精神的，只要 HRBP 合理地任用他们，他们就会发挥出自己的价值，在企业变革中贡献更大的力量。

3. 适时提拔

在管理员工的过程中，HRBP 适时提拔员工能够有效激活员工的工作积极性和创造性，使员工更好地发挥潜能，保持企业活力。员工的资历不足是其短处，但员工的能力和创造力不能被忽视，因此，HRBP 可以以员工的能力为出发点，适时提拔能力突出的员工，以便更好地让员工在新岗位上创造出更大的价值。

HRBP 通过适时提拔有能力的员工，能够有效优化企业的人力资源配置。刚进入公司时，每位员工的能力可能相差无几，然而经过一段时间的培训、锻炼，一些工作能力、学习能力突出的员工便会开始崭露头角，同时，HRBP 对每位员工的能力和成长也有了更清晰的认知。这时候，HRBP 就可以适时将能力突出的员工提拔到更合适其发展的岗位上。

企业变革涉及全体员工，员工是企业变革的执行者，为更好地推进企业变革，HRBP 需要准确分析员工的能力和潜力，给予其信任，适时提拔优秀员工，让员工在合适的岗位上创造更大的价值。

9.3.4 迭代思维推动变革

在推动企业变革的过程中，HRBP 要具备迭代思维，即通过"小步试错，快速迭代"的方式推动变革。因为变革的结果是未知的，只有将变革方案落实到行动上，才能切实了解变革的效果。

组织迭代变革是十分有必要的，市场经济环境瞬息万变，企业也需要根据市场需求适时转型，而组织适应性是其中的重要问题。组织适应性影响着资源的有效利用、高效协同和企业核心竞争力的建立。在快速变化的市场环境下，灵活的、能够实现快速迭代的组织能够获得更好的发展，而那些不能适应变化的组织则会在环境变化中消亡。

组织迭代变革能够加快组织新陈代谢，激发员工的工作积极性，实现产品与服务的不断创新，提升企业核心竞争力。如何推动组织迭代变革？HRBP需要做好以下几个方面的工作。

首先，HRBP需要精简组织架构。HRBP需要围绕企业核心价值链，确定关键价值输出点，并为其匹配相应的功能，以"协同效率最高"为原则进行组织功能重组，减少管理幅度，授权下沉一线，让更多员工能够感受到市场变化。在感受到市场变化和需求的情况下，员工能够提出更有针对性的变革建议，同时HRBP在进行组织迭代变革时，也更容易获得员工的支持。

其次，HRBP需要为组织迭代变革储备足够的人才。HRBP需要引进外部人才，识别内部人才，构建人才体系，同时注重对人才的培养。

最后，HRBP要抓住组织迭代变革的时机：一方面，HRBP需要对组织进行全方位分析，思考现行组织中存在的缺陷，及时进行组织迭代变革；另一方面，HRBP也要随时关注市场动态，保持对市场的敏锐性，把握住市场中出现的新商机，及时进行组织迭代变革，在探索新业务方面抓住先机。

树立了迭代思维之后，HRBP就不会在组织变革中因为顾虑太多而畏首畏尾。实践出真知，有了实践反馈，HRBP才能够有针对性地对变革方案进行调整。同时，组织变革是一个长期的、动态的过程，只有经过一次次的变革，组织才能够不断完善，适应环境变化的需要。

第 10 章
战略管理：厉害的 HRBP，都是战略型的

当企业规模扩大时，员工数量越来越多，各业务部门的差别也越来越大，企业多元化程度提高。这时，为了更好地为企业服务，HRBP 不仅要处理好基础性事务工作和业务问题，还要具备战略眼光，对企业战略进行思考。HRBP 需要明确企业战略，从战略角度思考自己应如何开展工作，为战略实施提供支持。优秀的、成熟的 HRBP 都是战略型的。

10.1 具备战略眼光

HRBP 需要具备战略眼光，分析企业现状和竞争环境，明确企业的使命和战略目标，同时知道怎样做才能超越竞争对手，实现战略目标。通过对企业战略进行分析，HRBP 能够更好地安排自己的工作，也能够在企业战略方面提出自己的建议。

10.1.1 做什么：企业的战略定位

在了解企业战略方面，HRBP 首先要了解企业的战略定位。企业的战略定位是企业为了更好地推广品牌和产品而明确的核心定位，对企业的运营活动具有指导意义。

一些 HRBP 在工作过程中并不关注企业战略，或者认为企业战略是"虚而不实"的东西，因为当下的市场变动过频、过多，战略只会限制自己的工作。这样的认知是错误的。战略是从实践中产生的，体现了企业的经营思想，决定了企业的经营活动，而战略定位则依据企业的优势与强项，明确了企业将于何处竞争，以发挥自身"与众不同"的竞争力。没有战略定位，企业的经营活动和 HRBP 的工作都会失去方向。

因此，HRBP 需要了解企业的战略定位，具体需要分析以下两个方面。

（1）竞争环境分析。HRBP 需要分析市场中的竞争环境，了解企业在市场中的战略定位，明确企业的差异化竞争优势。

（2）客户分析。HRBP 需要根据战略定位分析企业的目标客户群体，明确目标客户群体的真实需求，并分析企业提供的产品或服务能否满足其需求。

战略定位表明了企业的竞争环境和目标客户群体，HRBP 需要了解企业的战略定位，确保自己的工作方向是正确的。

10.1.2　做成什么样：企业的使命和战略目标

除了要了解企业的战略定位外，HRBP 还要了解企业在经营过程中想要做成什么样，即企业的使命和战略目标。

企业使命即企业对社会发展作出的承诺，表明了企业存在的理由，以及企业的经营领域、经营思想，为企业战略的制定提供了依据。

企业使命影响企业经营的成败。一个强有力的组织离不开使命的驱动。明确、富有感召力的使命不仅为企业发展指明了方向，也会使员工明确工作的意义，激发其工作积极性。例如，迪士尼的使命是"让世界更加欢乐"，无数迪士尼员工受这一使命的感召，在工作中对企业、顾客倾注了更多的热情和心血。

战略目标是对企业战略取得的成果的期望值。战略目标的设定，是企业使命的进一步阐明和界定，是企业使命的具体化。战略目标要把无具体数据特征的企业使命转化成各种定量与定性目标。

企业使命表明了"我们是谁，我们做什么"的问题，而战略目标则表明了企业的发展方向,以及未来几年的主要业务。HRBP 需要对此有明确的认知,建立全局思维,以便将战略目标转化成具体、可执行的企业目标、部门目标和员工个人目标,助力战略目标的实现。

10.1.3 怎么做:如何超越竞争对手

怎么做决定着企业如何超越竞争对手。在这方面,HRBP 需要从战略角度分析企业和竞争对手的优势和劣势,明确企业可以从哪方面超越竞争对手。HRBP 可以通过 SWOT 分析法分析企业的优势和劣势,分析企业在发展过程中存在的机会和威胁,如图 10-1 所示。

图 10-1　SWOT 分析法

根据上图可知,SWOT 分析法中的 S 为 Strengths,意为优势;W 为 Weaknesses,意为劣势;O 为 Opportunities,意为机会;T 为 Threats,意为威胁。该方法是一种对企业经营中的优势、劣势、可能存在的机会与威胁进行分析,以识别企业发展优势和机会的方法。

SWOT 分析法主要包括两个部分,一部分为"SW",即优势与劣势分析,另一部分为"OT",即机会与威胁分析。

1. 优势与劣势分析

优势与劣势分析主要是指企业与行业内其他企业的对比。如果企业在行业内处于技术领先地位,那么就会在技术资源方面更具竞争优势。通过优势与劣势分析,HRBP能够明确企业在技术、资金等方面的优势,也能够明确企业在资源、人才等方面的劣势。在思考企业应该怎么做战略这一问题时,HRBP也能够把握正确方向,扬长避短,根据企业优势制定企业战略。

2. 机会与威胁分析

机会与威胁分析主要是对外部环境的分析。如政府政策是否有变化、客户是否会更改需求、产品上市后是否会出现盗版替代产品等。外部环境的变化可能会为企业发展带来机会,也可能会为企业经营带来威胁。HRBP需要分析市场形势中可能存在的机会,以此为方向规划企业战略。

总之,HRBP需要明确企业当前存在的优势、劣势、机会和威胁,根据企业的优势和发展机会思考企业战略,根据企业的劣势和发展威胁思考企业规避风险的方法。在企业的优势领域集中发力、抓住市场机会,同时改善企业的劣势,合理应对企业面对的威胁,唯此,企业才能够更好地战胜竞争对手。

10.2 为战略实施作出贡献

企业战略实施离不开HRBP的支持,HRBP需要为战略实施作出贡献。在战略制定过程中,HRBP要积极参与战略的讨论,提出自己的意见和建议。在战略执行过程中,HRBP要想办法提高组织的战略执行力,做好战略执行的"后盾"。同时,HRBP还需要根据战略需要,有针对性地制定人力资源管理方案,为战略执行提供人才支撑。

10.2.1　参与企业战略规划讨论

在企业战略制定或调整阶段，HRBP需要参与讨论，积极献言献策。在这一环节中，HRBP可依据自己的业务知识及人力资源管理知识、对市场的洞察、对企业运营的理解等提出自己的意见和建议，为企业高层制定战略提供思路。

首先，HRBP要了解企业的业务发展现状及企业内部的技术缺口。对许多企业来说，技能差距是一个令人担忧的问题。如何根据业务需求寻找到合适的人才是企业战略需要解决的重要问题，而HRBP每天都在和这个问题作斗争。HRBP身处人才争夺战前线，他们知道在哪些地方、什么级别的技能差距对企业影响最大。在进行长期或短期企业战略规划时，这些内容都是十分有价值的信息。

HRBP需要提供自己所了解的信息，让企业高层了解企业的技能短缺问题，并提出行之有效的人才管理计划、继任计划等解决这些问题。

其次，HRBP能够把握企业的脉搏，清楚地了解员工流动状况。这些内容对于人才分配和规划是至关重要的。HRBP可以向企业高层提供这方面的信息，同时与企业高层展开讨论，提出能够降低成本、减少员工流动的人力资源解决方案。

最后，在企业高层制定不同方面的企业战略时，HRBP可以从战略实施角度入手，指出战略实施过程中可能遇到的业务难题或人力资源难题，协助高层制定更加科学的企业战略规划。同时，在企业高层提出某些战略设想时，HRBP也需要思考是否存在相应的解决方案，或者某问题是否有更好的解决方案。

总之，HRBP需要参与企业战略规划的制定，为企业高层提供信息、数据、解决方案等方面的支持，使企业战略更加科学合理。

10.2.2　做战略执行的"后盾"

企业战略包含三个层次的内容：第一层次是和企业所处行业、地区和产品相关的发展战略；第二层次是关于确定产品价格、决定进攻还是防御的竞争战略；第三层次是为发展战略和竞争战略提供助力的职能战略，包括产品战略、营销战略、人力资源战略、财务战略等。

企业战略实施的效果取决于企业战略执行的力度。如果企业战略执行不彻底，那么再好的战略也无法推动企业发展。为了保证企业战略的贯彻执行，HRBP需要提高企业的战略执行力，做战略执行的"后盾"。

战略执行力指的是企业战略得到执行的力度和程度，与企业各层级员工的目标责任、愿力和能力密切相关，即：战略执行力＝目标责任×愿力×能力。

（1）目标责任：目标责任指的是每个部门、每个岗位的职责和目标。HRBP可通过绩效管理来分解目标，确保目标的实现。

（2）愿力：即员工内在的意愿强度。HRBP可以通过薪酬福利管理、企业文化管理、员工关系管理来提高员工的满意度和忠诚度，使员工有很强的意愿为企业目标的实现而奋斗。

（3）能力：指员工在各自岗位开展工作的能力。HRBP可以从招聘、培训、轮岗等方面入手，提升员工的工作能力。

由以上公式可以看出，战略执行力的提升与人力资源管理密切相关，HRBP可从中推导出人力资源管理支撑企业战略实施的途径，如激励性的薪酬制度、良好的企业文化等能够使员工有很强的愿力，培训、轮岗等工作则能够从能力角度提升战略执行力等。

HRBP可以根据企业战略梳理出人力资源工作的重点，提升企业的战略执行力，进而促进企业战略的实现。具体而言，HRBP需要做好以下几个方面的工作。

1. 以战略为导向，搭建绩效管理体系

HRBP需要依据企业战略明确企业目标、业务部门目标和员工个人目标，搭建完善的绩效管理体系。HRBP需要明确员工及业务部门的关键绩效指标，并在绩效管理中做好监督和指导，确保员工能够按时、按质完成个人目标，确保部门目标实现，从而完成企业目标。

2. 多重机制留人，提高员工愿力

首先，在提高员工愿力、工作积极性方面，HRBP 需要制定差异化、多元化的薪酬福利制度，满足不同的业务需求。薪酬福利制度需体现出公平公正、多劳多得的原则，以实实在在的物质奖励激励并留住员工。

其次，HRBP 需要建立以人为本的面谈机制，帮助员工成长与发展。在员工入职、转正、晋升、离职等关键节点，HRBP 都需要与员工进行面谈，对员工的工作表示肯定，了解员工离职的原因。同时在员工阶段性绩效考核结束、对工作产生不良情绪时，HRBP 也需要通过面谈对员工进行指导，以员工发展为出发点，为其提供助力。

最后，HRBP 需要建立完善的晋升体系，选拔有能力的员工。员工选拔往往与员工绩效考核结合在一起，对于工作能力强的员工，HRBP 还需要培养其管理能力、团队荣誉感等。当员工成功晋升时，HRBP 要从薪酬、职责、荣誉等方面给予其激励。

3. 让合适的人做合适的事，提高员工能力

在提高员工能力方面，HRBP 可引入师徒制，让工作能力强的老员工指导新员工开展工作，使新员工快速融入新环境，提升个人能力。为保证实施效果，HRBP 需要明确"师傅"与"徒弟"的职责，并设置相应的奖惩机制，促使双方在工作中实现共赢。

同时，HRBP 也可以分层级、分类别地搭建培训体系。如针对员工开展相关的业务能力培训，针对管理者提供专项能力提升培训等。

通过以上举措的贯彻落实，HRBP 能够为战略执行提供必要的人力资源保障，有利于企业战略和目标的实现。

10.3 推动战略落地

很多企业中都存在这样的问题：虽然制定了企业战略，却无法将其落到实处，再加上信息沟通不畅，员工对企业战略很茫然，只按照自己的理解行事。

这使得员工的工作和企业战略脱节,企业目标无法实现。

HRBP肩负着战略执行重任,需要将企业战略转化为员工可理解、可执行的具体方案。同时,在执行过程中,HRBP需要依据企业战略制定相应的绩效管理方案、薪酬管理方案,并通过关键目标管理业务。

10.3.1 做企业经营的促进者

在战略落地过程中,HRBP需要具备经营思维,从企业经营角度思考问题,做企业经营的促进者。经营工作与HRBP以往进行的管理工作是不同的。管理工作是静态的、其目的是维持某种模式,使之保持在一种比较好的状态,而经营工作是预见性的、动态的,其目的是从过去看到现在,并预测未来,根据未来需求打破落后模式并建立新模式。

HRBP必须对企业经营问题保持关注,并参与进去,成为企业发展的促进者。因为企业的商业模式、发展战略等涉及人力资源管理的诸多方面,企业的人力资源管理水平也影响着企业战略的推进。

具体而言,在促进企业经营方面,HRBP需要做好以下工作。

(1) HRBP需要站在企业经营的角度制定完善的人力资源规划。人力资源规划的目标是确保员工和岗位之间能实现最佳匹配,避免人力短缺或过剩,建设一支素质较高、运作灵活的人才队伍,增强企业适应未知环境的能力,减少企业关键技术环节对外部招聘的依赖性。

人力资源规划的重点在于对人力资源管理现状信息的收集、分析和统计,HRBP需要依据这些信息,结合企业经营战略,制定当下及未来的人力资源规划。

HRBP首先要分析员工供给现状,确定企业在当前市场上的优势和劣势,对员工进行技能、资历、经验和报酬等方面的全面盘点。HRBP必须确定统计出来的这些数据是否符合企业经营战略,同时还要确定每个岗位的员工数量、岗位变动和空缺数量等。

基于对企业经营的思考,HRBP还应该对企业的需求进行预测,与企业高层和业务部门沟通,明确企业战略规划和业务布局,判断是否需要雇用更多的员工来参与未来的市场竞争，还是需要更多的自动化设备来获取更多的市场份额，员工现状是否可以接受，是否需要对员工进行重组？

在明确现状与需求后，HRBP要根据企业经营战略对空缺岗位进行分析，列出具体需求，考虑对现有员工进行培训、轮岗能否满足需求，企业是否真的需要招聘，所有员工是否都能发挥他们的潜力，通过缩小企业现有员工与需求之间的差距，最终确定员工净需求。

人力资源规划必须完整、全面，同时HRBP还要对潜在风险进行评估并提出解决方案，以保证企业经营战略的正常实施。

（2）HRBP需要深入业务，从企业经营角度优化业务流程，针对业务问题提出有效的解决方案。为提高企业效率、推动企业战略顺利实施，HRBP需要对业务流程进行分析，对冗杂的业务流程进行精简优化，对缺失的业务流程进行补充完善。

同时，当业务运转出现问题时，HRBP也需要围绕企业战略，提出行之有效的解决方案。此外，基于对企业未来战略实施和经营的考虑，HRBP还需要时刻关注市场变化、客户需求变化，根据实际情况提出有预见性的业务优化或改革方案。

总之，HRBP需要具备经营意识，从企业经营角度思考自己的工作，并围绕企业战略，针对战略落地中的人力资源问题和业务问题提出解决方案，推动企业战略顺利进行。

10.3.2 做员工绩效的支持者

员工是企业战略的具体执行者，为推动企业战略顺利落地，HRBP还需要做员工绩效的支持者。具体而言，HRBP需要做好以下工作，如图10-2所示。

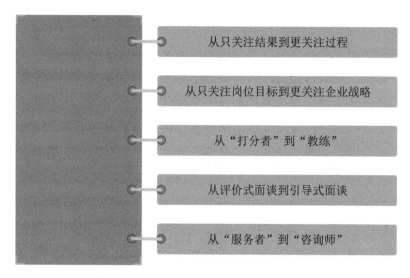

图 10-2　HRBP 如何做好员工绩效的支持者

1. 从只关注结果到更关注过程

一些 HRBP 在绩效管理过程中只关注绩效结果，当发现绩效结果不佳时才会分析问题产生的原因并尝试解决问题，但这往往会导致时间、资源等方面的浪费，也会对战略目标的完成进度造成影响。要想进行更有效的绩效管理，HRBP 就需要关注员工工作的过程，及时发现并解决员工工作中存在的问题。

2. 从只关注岗位目标到更关注企业战略

一些 HRBP 在绩效管理过程中只关注岗位目标、部门业务目标等，而且也只重视业务目标的完成情况，这是十分片面的。企业战略不仅包括业务方面的战略，也包括企业文化落实、员工发展、技术创新等方面的战略，HRBP 需要对企业战略进行全面分析，除了与业务有关的指标外，还要将价值观指标、创新指标等融入绩效管理。此外，HRBP 也要将绩效管理与员工职业发展结合起来，促进人才的成长。

3. 从"打分者"到"教练"

在绩效管理过程中，HRBP 不只是员工绩效的"打分者"，也是员工的"教练"。HRBP 需要以身作则，成为员工的榜样；要积极向员工传授新的专业技术、工作经验。当员工提出某些工作方面的问题时，HRBP 需要为其指点迷津，助其更好地完成工作。

"教练"这一角色更贴近 HRBP 业务伙伴的定位，在双方交流过程中，HRBP 和员工都会加深对业务、工作的思考，最终实现共同成长。

4. 从评价式面谈到引导式面谈

绩效管理离不开绩效面谈，传统的绩效面谈多为评价式面谈，即根据员工的绩效表现作出评价，指出其工作中的优缺点。这样的绩效面谈方式往往达不到理想的效果。

在绩效面谈过程中，HRBP 应尽量减少对员工的评述，而应以提问的方式引导员工思考，如"你觉得你这次绩效考核结果不佳的原因是什么""你认为你的工作绩效可以在哪些方面进行提升"等，以事实为依据，让员工认识到自己工作中的优势和不足，激起员工主动改进绩效的意愿。

5. 从"服务者"到"咨询师"

在进行绩效管理的过程中，HRBP 无疑是服务者的角色，如帮助业务部门整理数据、设计绩效管理方案等。但要想更好地完成绩效管理工作，HRBP 还需要扮演好"咨询师"的角色，即在绩效管理过程中，HRBP 不仅要为业务部门、员工做好服务，还要让员工了解到为什么这样做。

首先，HRBP 需要帮助员工、业务部门管理者认识到绩效管理的有效性，及其对于企业的价值；其次，HRBP 要提供有效的绩效管理工具，如关键绩效指标、OKR 等；最后，HRBP 要让员工明白如何将绩效管理结果应用于选拔、培训、薪酬调整等各方面。

同时，在绩效管理结束之后，HRBP 应该为每个员工制作一份评估报告，里面包括员工的绩效、与同级人员以及自己上一周期绩效相比的结果，指明员工在哪些方面有了进步，在哪些方面有了退步，明确其优势和劣势，做好人才评估。

绩效管理并不难做，关键是 HRBP 需要保证人力资源管理符合企业发展需要，能够真正为企业战略服务。

10.3.3 实现战略性薪酬管理

薪酬管理是 HRBP 实现企业战略目标的重要手段，薪酬管理是否合理，影响到企业战略实施的效果。HRBP 需要制定公平、公正、具有激励性的薪酬管理制度，激发员工的工作积极性和主动性，推动企业战略的实现。

在制定薪酬管理制度时，HRBP 需要考虑以下几点因素。

1. 全面分析企业内部和外部环境对薪酬的影响

企业的薪酬管理以企业的战略目标为导向，而企业的战略目标或薪酬本身会受到诸多因素影响，如企业所处的社会、经济、政治环境，市场竞争压力，企业文化和价值观，员工的需要等。因此，HRBP 必须全面、准确地了解企业所处的环境，进而确定在特定环境中具有竞争优势的薪酬方案。

2. 制定与企业战略相匹配的战略性薪酬决策

薪酬决策包括薪酬体系、薪酬水平、薪酬结构、薪酬管理过程等方面的决策，其核心是使企业的薪酬体系能够为企业战略的实现提供助力。不同的企业战略需要不同类型的薪酬决策，HRBP 必须根据企业战略作出合理的薪酬决策，确保薪酬管理体系能够为企业战略的实施提供支持。

3. 将薪酬战略转化为薪酬实践

薪酬战略是企业在进行薪酬设计时所坚持的基本原则，在实施方面，HRBP 要做的是将这些薪酬战略用一定的薪酬体系或薪酬组合体现出来。这一步骤是薪酬战略向实践层面的跳跃。薪酬战略能否贯彻执行，与薪酬体系的设计及执行过程密切相关，HRBP 需要做好以上工作，确保薪酬战略能够完全转化为实践。

4. 对薪酬体系的匹配性进行再评价

薪酬体系的设计和实施并不是一劳永逸的。HRBP 必须不断地对其进行评价并适时调整，使之与变化了的企业战略相适应。

总之，HRBP要依据企业战略制定与之相符的薪酬体系，同时，当企业战略产生变动时，薪酬体系也需要随之进行调整。

10.3.4 用关键目标管理业务

根据企业战略提取关键目标是推动战略落地的有效方法，在这方面，HRBP有必要掌握OKR工作法。OKR的"O"代表Objective，即核心目标；"KR"代表Key Results，即关键结果。OKR是一种以结果为导向的、以完成企业目标为目的的管理工具。HRBP通过设定核心目标"O"和关键结果"KR"的方式加强业务管理，推动业务目标的实现。

核心目标"O"是根据企业战略目标提取而来的。例如，某电商公司在公司季度会议上确定了两大企业战略目标，即提高销售额和合理组织货源。随后，该公司的HRBP根据这两大目标提取了销售部门的核心目标。

1. 目标一：提高销售额

（1）拓展销售渠道，使渠道销售额提高20%。

（2）提高售后服务水平，使客户售后服务满意度达到98%。

2. 目标二：合理组织货源

（1）按时完成订单，订单完成率达到100%。

（2）提高物流运输管理水平，货物按时送达100%完成。

在设定好细化的核心目标后，HRBP就可以根据这些目标来制定关键结果，实现战略目标的落地执行。

关键结果"KR"是根据核心目标分解来的。针对一个明确的目标分解出来的KR不需要很多，只要抓住关键结果即可，过多的KR反而会模糊工作重点。如果两个KR之间有很大的相关性，或者一个KR比另一个KR重要得多，这时HRBP就可以对KR进行分析、比较，留下更重要的一个。

同时，精简不代表只剩一个KR，企业目标是需要KR间相互制约并互为补充的，只有这样才能更好地验证效果。精简KR的关键在于聚焦最关键的目标,从而使企业的人力及资源更好地集中,以便顺利完成目标。同时,精简的 KR 具有更强的指向性,确保了员工工作方向的正确性。

那么,HRBP 如何才能更好地利用 OKR 管理业务?这就需要 HRBP 做好以下 5 个步骤,如图 10-3 所示。

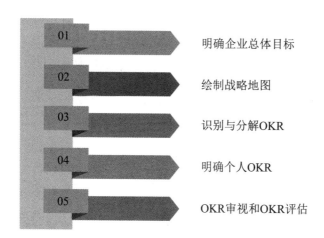

图 10-3　利用 OKR 提高战略执行聚焦度的步骤

1. 明确企业总体目标

HRBP 在实施 OKR 时,首先要进行战略梳理,明确企业总体目标。

2. 绘制战略地图

明确了企业总体目标后,HRBP 需要将总体目标中包含的一连串假设转化为一系列具体的因果关系链,并通过因果关系链绘制战略地图。

3. 识别与分解 OKR

OKR 的识别与分解就是对总体目标进行分析,并将总体目标分解到各个业务部门。

4. 明确个人 OKR

确定业务部门的 OKR 之后,HRBP 还要确保部门 OKR 的分配能够落实到每个员工身上。在 OKR 完成过程中,HRBP 要同时重视过程和结果,做好年度指标与月度指标的合理分配，最后再细化到个人 OKR。

5. OKR 审视和 OKR 评估

在实施 OKR 的过程中，OKR 的设计与合理分配虽然是十分重要的，但 HRBP 同样要重视对其的审视和评估，这能够保证 HRBP 及时发现 OKR 实施各环节产生的问题，并及时进行调整。

OKR 能够将业务部门的工作目标和工作内容阐述得一清二楚，能够使每个员工的工作目标聚焦于业务部门的整体目标，更好地完成部门目标。

第 11 章
文化管理：为企业注入生命力

企业文化是指企业在长期发展过程中形成的、为大多数人认可和遵守的基本理念、价值标准、精神风貌和行为规范。在谈及企业文化时，马云曾说："阿里的成功很大一部分归功于文化，我们把实的东西虚着做，而把虚的东西做实了。文化的最终就是"言谈举止"，它一定是看得见、摸得着、听得到的东西，高层不谈文化，基层不谈战略。"

由此可见，文化对于企业而言十分重要，有着强大的导向作用、约束作用和凝聚作用。在企业内部，HRBP无疑是文化的推动者、执行者与捍卫者，HRBP要重视企业内部的文化建设，为企业长远发展奠定雄厚的软实力。

11.1 企业文化的构成

企业文化包含3个方面，分别是精神文化、制度文化和物质文化。精神文化是指企业核心价值导向，是企业文化的深层内涵，代表企业文化的"气血"；制度文化是企业内部游戏规则与企业文化的制度保障，代表企业文化的"骨架"；物质文化是企业大众传播形象与企业文化的外在表现，代表企业文化的"形象"。

这3个方面缺一不可。HRBP需要了解这3个方面的概念和关系，全方位建设好企业文化。

11.1.1 精神文化

企业的精神文化包括企业的愿景、使命、价值观、职业道德、作风等，表达了企业坚持的基本理念和价值标准。积极的精神风貌是精神文化的核心。

企业的品牌理念、用人理念、沟通理念、创新理念、经营理念等都体现了企业的精神文化。例如，海尔的经营理念是追求企业现代化、市场全球化，以及形成全球性的经营规模。其经营理念体现了其精神文化：敬业报国、追求卓越、遵循企业道德，保证品质与追求盈利共存。

再如，苹果公司始终坚持信任营销理念，为打造这一理念，其在共鸣感、专注力与灌输苹果产品内涵方面下足了功夫。

首先，苹果公司注重培养共鸣感，赢得用户信任。苹果公司的创始人之一马库拉说："我们做的就是紧密结合用户的感受。我们要比其他任何公司都更好地理解用户的要求。"这充分体现了培养共鸣的原则。同时苹果公司坚持认为，如果要培养与用户的共鸣，那就必须促使用户与公司产生长久的信任。

其次，苹果公司专注于培养专注力。只有专注，才能更专业；只有专注，产品才会精益求精。乔布斯曾说，"决定不做什么和决定做什么同样重要。"乔布斯的专注力特别强，会专注于核心产品和某些重要业务，砍掉一切不重要的其他业务。正是由于他的果敢和专注，才促使了苹果公司的腾飞。

HRBP 如何建设企业的精神文化？一个完整的精神文化体系包含以下 4 个要素，如图 11-1 所示。

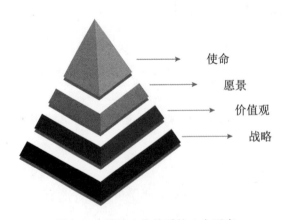

图 11-1　精神文化体系的 4 个要素

1. 使命

使命指的是企业努力追求的崇高理想和长远目标。一般来说，使命不可能彻底达成，但可以无限接近。例如，阿里巴巴的使命是"让天下没有难做的生意"。使命是精神文化的灵魂所在，是对企业未来的想象。在建设精神文化时，HRBP 需要确定企业的使命，赋予员工使命感，让员工觉得自己在从事一项伟大的事业。

2. 愿景

愿景可以理解为企业中长期的、明确的、可实现的目标。例如，阿里巴巴的愿景为"活 102 年：我们不追求大，不追求强，我们追求成为一家活 102 年的好公司"及"到 2036 年，服务 20 亿消费者，创造 1 亿就业机会，帮助 1000 万家中小企业盈利"。

愿景虽然比较长远，但终归可以实现，这是它和使命最大的差别。HRBP 在确定好企业使命之后，即可制定企业愿景，促使员工共同为这一目标而努力。

3. 价值观

价值观是一种对价值的判断准则。例如，宝洁公司的价值观就是"廉洁"二字，一旦有员工违背了此价值观，无论业绩多么突出，都会面临被开除的命运。价值观为企业树立整体的道德观念或工作准则，是企业必须坚守的底线。

在建设精神文化时，HRBP 同样需要设计好企业价值观，企业价值观必须积极向上，符合社会要求，能够凝聚员工思想，如"创新""诚信""客户第一"等。

4. 战略

企业战略是精神文化的重要组成部分，HRBP 需要找准企业定位，明确企业战略方向，制定出清晰、明确的企业战略。企业战略需要和企业的使命、愿景、价值观相吻合。

以上4个要素组成了企业的精神文化，HRBP需要一步步地设计好以上4个要素，并保证彼此之间的和谐与统一。

11.1.2 制度文化

制度文化主要是指企业的规章制度、道德规范与行为规则等，如员工手册、人事管理制度、财务管理制度等。具体而言，企业的制度文化包括企业的制度体系和风俗。

1. 制度体系

制度体系是企业工作制度的总和。制度必须和企业文化保持高度的一致性。在企业中，如果只依靠文化的软性约束管理员工，那么企业将空有情怀，缺乏纪律。制度的刚性约束可以增强企业的规范性，保证企业各个环节高效运行。在制度体系中加入文化的核心思想，制度就可以充当企业优秀文化的载体，让员工在日常工作中践行企业文化。

2. 企业风俗

企业风俗是企业约定俗成的典礼、仪式、节日等特色活动，如体育比赛、店庆等，是企业文化内涵的体现。企业风俗按照表现形式不同可分为风俗习惯和风俗活动。风俗习惯是指企业约定俗成的做法，如在春节期间挂灯笼、贴对联等；风俗活动指的是带有风俗色彩的群众性活动，如春游、运动会等。

制度文化是企业文化的制度保障，HRBP需要将企业文化落实到制度上，制定具有企业特点、展现企业文化的制度。例如，企业福利制度是企业文化的具体体现，HRBP可以依据企业文化制定企业福利制度。

在制定企业福利制度时，HRBP首先需要审视企业文化，分析各项福利措施是否与企业的经营理念、价值观相一致。其次，HRBP应制定具有自身特色的福利措施，如允许员工带家属参加企业晚会、为员工发放产品等。再次，HRBP要确保福利制度覆盖全体员工，并保证公平、公正。最后，HRBP要做好福利制度的宣传工作，让企业文化通过福利制度更加深入人心。

11.1.3 物质文化

企业的物质文化指的是企业创造的产品和各种设施构成的器物文化，是一种看得见、摸得着的企业表层文化。企业的产品、生产环境、生活环境、文化设施等都能够表达出企业文化，折射出企业的运营思想、作风和审美等。物质文化主要包括以下几个方面：

（1）企业的标志、商标；

（2）企业的建筑风格、工作环境、生产环境等；

（3）产品的包装设计、样式、质量等；

（4）企业的文化生活设施；

（5）企业的服装、歌曲等；

（6）企业的礼品和纪念品；

（7）企业的刊物、报纸、宣传栏、广告牌等宣传方式。

具体来说，企业办公环境是冷色调的装饰还是暖色调的装饰，有没有茶水间和休息室，工作时要不要穿统一的制服等都是物质文化的表现。HRBP需要分析企业表现出的物质文化是否符合企业的精神文化和制度文化，如存在与精神文化、制度文化相违背的地方，HRBP就需要提出合理的改进措施，保证三者之间的统一。

11.2 企业文化的误区

一些HRBP知道企业文化对于企业发展的重要作用，也在努力推动企业文化建设，但往往达不到理想效果，原因就在于他们在企业文化建设方面存在误区。企业文化建设的误区包括认知误区、提炼误区、推广误区、评估误区等，HRBP需要避免这些误区，全面、准确地认知企业文化，并积极有效地推动企业文化落地。

11.2.1 认知误区：对企业文化的认知过于片面

企业文化是什么？怎样构建企业文化？HRBP 需要弄清这些问题，否则就会出现认知上的偏差。事实上，很多 HRBP 对于企业文化的理解比较模糊，甚至存在误区，主要表现在以下几个方面，如图 11-2 所示。

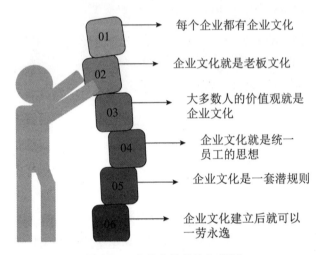

图 11-2 企业文化的认知误区

1. 每个企业都有企业文化

并不是每个企业都有企业文化。企业是否具有企业文化，衡量标准包括企业在市场中的生存状态、企业是否有竞争优势、企业获得客户认同的程度、员工的凝聚力和忠诚度等。如果企业并没有形成自己的竞争优势，并没有获得客户的认同，员工的凝聚力和忠诚度也不高，那么显然这个企业并没有形成自己的文化。

2. 企业文化就是老板文化

很多 HRBP 认为，有什么样的老板，就有什么样的企业文化。诚然，老板对企业文化的影响是十分重大的，但这只体现在建设企业文化的过程中，体现在身体力行、展示企业价值观的行为中，而不是直接代表企业文化。

如果一个企业的企业文化就是老板文化，那么说明这个企业还处于初创阶段。在这个阶段，企业的价值判断、对环境的认识等，都由老板一个人来承担，他的行为选择就是企业的选择。但是，随着企业规模的扩大，管理团队和员工也需要承担责任，这时企业文化是通过管理团队和员工的行为选择体现的。因此，企业文化并不等于老板文化。

3. 大多数人的价值观就是企业文化

很多员工因为有相同的生活背景和际遇，对于一些问题的价值判断往往是一致的。如果员工一起工作的时间较长又有相似的世界观，也很容易达成一致的价值观。这种价值观并不代表企业文化，而是员工自己的价值观。因此，并不是大多数人的价值观就是企业文化。

4. 企业文化就是统一员工的思想

如何表达企业文化是一个重要的问题。企业文化往往是以理念或精神的方式来表达的，这也使得很多HRBP认为企业文化就是强调一种理念或精神，建立企业文化就是要统一员工的思想。

这样的认知是错误的。企业文化不是要统一员工的思想，思想统一会导致思想僵化。企业文化需要统一员工的行为，统一的行为才会形成凝聚力。员工在思想上可以独立判断、创新思维，但是在行为上必须符合企业的理念，体现企业的价值取向。

5. 企业文化是一套潜规则

文化的作用往往以潜规则的方式体现，因而很多HRBP认为企业文化是企业内部的一套潜规则。这种认知是错误的。

的确，企业往往会存在一些约束人们行为的潜规则，虽然这些潜规则并没有明文规定，但人们依旧会依照这些规则行事。但是，企业文化是一套明文规定的、显性的规则，其存在的目的是通过提出一种正确的价值观，获得员工的认同，提高企业的凝聚力。HRBP需要明确企业的价值观和价值标准，并做好企业文化的宣传与推广，让员工能够在正确价值观的引导下规范自己的行为。

6. 企业文化建立后就可以一劳永逸

优秀的企业会不断维护企业文化，但这并不意味着企业文化建立后就可以一劳永逸。企业文化必须符合市场环境变化趋势，这就要求企业文化能够不断更新，保持开放。

企业文化在认知上存在着以上 6 个误区，这使 HRBP 在管理实践中遇到很多问题。要想建立好企业文化，HRBP 就需要规避以上认知误区，建立正确的企业文化认知。

11.2.2　提炼误区：小恩小惠≠企业文化

企业文化在提炼方面也存在误区。许多 HRBP 认为企业的福利等于企业文化，认为通过福利以及娱乐设施建设就能够满足员工对企业文化的需求，于是为员工提供生日红包、餐补等。但是，这样的小恩小惠并不等同于企业文化。

福利是企业文化建设的一个重要抓手，好的福利能够强化企业文化建设。福利不等于企业文化，但是企业文化可以通过福利表现出来。换言之，能够体现企业文化内涵的福利才是合适的。

企业的福利设计应体现企业文化的内涵，这点容易被 HRBP 忽视。要想让福利设计体现企业文化，HRBP 就要结合企业现实情况，在福利发放的仪式感、具体形式等方面动脑筋。

首先，HRBP 要重视福利发放的仪式感。例如，在妇女节当天，很多企业都会发放洗衣粉、洗发水等妇女节福利，发放方式就是员工在下班时领走福利。这样的发放方式缺乏仪式感，也难以激发员工对企业文化的认同感。

HRBP 可以组织一个小型活动，如妇女节茶话会等，在会上对女性员工的贡献进行分析，表示对她们工作的认可和感谢，并以相应的小礼品感谢她们的付出。同时，HRBP 也需要对工作业绩突出的优秀女性员工进行表彰奖励，为其提供更优厚的福利。

同时，HRBP 也需要反思企业在维护女性员工权益方面有没有短板，如

...乳室,有没有亲子活动,哪些福利可以和企业经营活动联系起来,...完善企业的福利制度。

...HRBP 也需要关注福利本身。难道妇女节就只能发洗发水、洗衣...有没有其他更有意义的福利?能否将福利和企业的产品或服务结合起来...如,某化妆品企业在妇女节时为女性员工发放了一张 500 元的抵用券,凭此抵用券,员工可以免费、自由领取不超过 500 元的化妆品。这一福利既能够满足员工的需求,又能够推广产品。

再如,某餐饮连锁企业在妇女节当天推出了上百份家常菜,并在打包盒上贴上了"辛苦了,这是为您烹饪的私房菜,希望您和您的家人分享""感谢您对企业的付出,这份美味的私房菜请您品尝"等。员工在获得福利的同时,也会感受到企业对自己的关心和尊重。福利的发放方式是多种多样的,HRBP 只要愿意开动脑筋,就会产生无穷的创意。

11.2.3 推广误区:对挂在墙上的标语说"不"

许多 HRBP 十分重视企业文化的推广,会制作很多响亮的标语,然后贴满办公室和走廊,以此来推广企业文化。但这只是表面上的宣传,员工可能并不会去看这些挂在墙上的标语,更不会践行。这样的宣传方式无疑是低效的。

还有一些 HRBP 会要求员工牢记甚至背诵企业文化的内容和标语,并定期对员工进行抽查。虽然员工记住了企业文化的内容,但往往并不理解其含义,也不知道如何在日常工作中践行它。这样的推广方式无疑也是低效的。

以上体现了企业文化在推广方面存在的误区。企业文化不是挂在墙上的标语,而是一种持续的行为,HRBP 需要加强对企业文化的宣传和推广,让企业文化深刻影响更多人的行为。

如何规避企业文化在推广方面的误区?HRBP 需要注意以下几个方面,如图 11-3 所示。

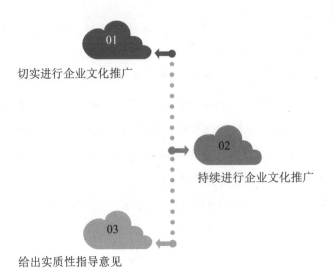

图11-3 如何规避企业文化在推广方面的误区

1. 切实进行企业文化推广

HRBP要切实进行企业文化推广，可以定期对员工进行培训，不断加深员工对企业文化的认知。同时，HRBP需要和员工保持沟通，了解员工的培训反馈，及时消除员工在企业文化方面存在的困惑。

2. 持续进行企业文化推广

企业文化推广是一项持续的工作，为保证这项工作的深度和广度，HRBP需要制定长期的企业文化推广计划，通过培训、举办企业特色文化活动、发放福利等方式推广企业文化，并将其通过规章制度的方式明确下来，在长期的践行中形成企业的传统。这样，企业文化也能够在持续宣传中深刻影响更多人的行为。

3. 给出实质性指导意见

如果企业文化只停留在精神层面，难以给员工提供实质性的指导意见，那么企业文化的推广也是空谈。企业文化必须是具有实际指导性内容的，如"建立高效、顺畅的反馈机制""用事实来捍卫观点""依据员工带来的价值确定薪酬"等，这样的内容不仅能够体现出企业的精神文化，更具有非常深刻的指导意义。

只有让员工将企业文化与实际工作结合起来，企业文化才能真正发挥作用。员工能够完全理解企业文化，以企业文化评判自己的工作，做到知行合一，企业文化的作用才能最大化。

11.2.4　评估误区：归属感与使命感

在企业文化建设过程中，HRBP 需要对企业文化进行评估，评判企业文化的科学性和合理性。在这方面也存在一些误区，主要包括以下 3 点。

1. 误区一：员工的反馈并不重要

在对企业文化进行评估时，很多 HRBP 认为员工的反馈并不重要，重要的是企业高层的想法。这种认知是十分片面的，企业高层的想法固然重要，但员工对于企业文化也有自己的看法，他们的意见和反馈也十分重要。首先，员工能够站在自己的立场上，指出企业文化的不合理之处，或提出一些合理建议，这对于企业文化的健全来说具有重要意义。其次，员工是企业文化的践行者，充分反映员工思想的企业文化更能够得到员工的认同，也更能够促使员工在日常工作中践行。

2. 误区二：做好企业文化评估就可以一劳永逸

为了确保企业文化符合企业发展需要，同时保证其合理性，HRBP 都会对企业文化进行评估。但企业文化在长期践行过程中可能会加入新的内容或者剔除不合适的内容，而这时 HRBP 往往会忽视对企业文化的评估。

无论在企业文化建立之初，还是在日后经过调整时，HRBP 都需要对企业文化进行评估，分析企业文化的内容是否合理，是否能够真正指导员工的工作。

3. 误区三：企业文化只是对员工的要求

企业文化需要对员工的工作提出有指导性的建议，但这并不是企业文化的全部，如果 HRBP 只以指导性评估企业文化，那么就忽视了企业文化在增强员工归属感与使命感方面的作用。

企业文化不只要有对员工的要求和指导性建议，更要有对员工的关爱，对员工价值观的引导，以此凝聚员工思想，增强员工的归属感和使命感。

11.3 HRBP 如何为企业文化变革赋能

企业文化变革指的是人的行为和观念的改变。企业为适应市场变化，需要随时对企业文化进行革新，而 HRBP 需要通过招聘、入职培训、绩效考核、薪酬体系调整等方式，为企业文化变革提供助力。

11.3.1 价值观取向是招聘的硬指标

HRBP 可能会遇到这样的问题：明明求职者接受了 offer，却没有来公司报到，这就体现了求职者的价值观。在招聘的时候，HRBP 不仅要关注求职者的学历、资历，也要关注求职者的价值观，价值观同样是招聘的硬指标。具体而言，HRBP 在招聘员工时，需要注意以下几个方面。

1. 别让光环遮住了眼

HRBP 在招聘员工时，总想着找到最合适的员工，但"合适"这两个字被赋予了太多的标准，如学历、年龄、行业背景等。在面试过程中，HRBP 会努力挖掘求职者的某些特质，来评价其是否符合录用标准。很多时候，HRBP 可能在几分钟内就决定了面试结果，但是这几分钟的面试能够对求职者进行全面了解吗？很难。许多 HRBP 并不会思考这一问题，因为他们过分相信了所谓的标准。

究竟有多少标准能用来衡量求职者？不同的企业有不同的招聘规范，但很多时候，HRBP 面试的核心问题和筛选简历的标准可能并不一致。HRBP 之所以对求职者进行面试，主要是考量求职者潜在的特质。当求职者拥有很多光环时，HRBP 心中的录用标准很容易被心中的兴奋感冲淡，而更愿意相信他们能够在企业中发挥价值，忽略了他们光环背后的一面。

即使求职者的能力十分出众，HRBP 也要分析其价值观是否和企业价值观相符，明确其是否认同企业价值观。只有求职者认同企业价值观，才能与企业风雨同舟，共同成长。

2. 愿意相信故事的才是适合企业的

每个企业都有自己的企业故事，讲述了企业的创业源起、发展历程和未来方向。HRBP 可以向求职者讲述企业故事，了解其对企业故事的看法，只有愿意相信企业故事的求职者才是更适合企业的。

愿意相信企业故事，表明求职者的价值观和企业价值观是一致的，这样的人能够更快地融入企业，为了企业目标而奋斗。HRBP 与其在企业中宣扬企业文化，改变员工信念，不如在招聘的时候就选择好和企业价值观一致的人。

3. 设置合适的问题了解对方价值观

在招聘过程中，HRBP 往往会通过对求职者的履历进行分析来判断其价值观，如根据其之前的工作经历来分析其忠诚度、询问其此前离职的原因等。但求职者给出的答案未必是真实的，HRBP 也很难根据这些内容分析求职者的求职动机。

这时，HRBP 就可以换一个方式了解求职者，询问其一些价值观方面的问题，通过求职者给出的答案，分析其与企业所倡导的价值观是否匹配。

例如，HRBP 可以询问求职者以下问题。

（1）你认为一个企业能够生存的最根本原因是什么？

这个问题主要是分析求职者是否能够意识到客户才是企业生存的根本，没有客户的支持，企业难以生存，更无法发展。

（2）根据你过往的经历，你认为什么行为是对团队合作不利的？你认为该如何解决这一问题？

根据求职者给出的答案，HRBP 可分析其在处理问题的过程中是否体现出了正确的价值观。

（3）你认为团队具有凝聚力的原动力是什么？

共同的目标和价值观等是比较不错的答案。

（4）你在过去的经历中，有哪些和他人合作取得成功的案例？

在求职者讲述案例的时候，HRBP 可判断其与他人合作的能力，同时需要询问在合作不顺畅时，他是如何做的，以判断其价值观。

衡量一个求职者是否符合录用标准，学历、经验等硬指标的确十分重要，但 HRBP 也不能忽视了对求职者的价值观进行考察。招聘到和企业价值观一致的员工，才能更好地推动企业文化建设，增强企业凝聚力。

11.3.2　入职培训要培养价值观认同感

员工在初入企业时往往会感到迷茫，对企业缺乏了解，不清楚企业的发展方向，也不清楚自己的发展方向，很难对企业产生归属感，也不利于 HRBP 对员工的管理。导致这种问题的重要原因就是员工对企业价值观的认知不足，很难受到企业价值观的指引。因此，HRBP 必须深刻认识到让员工了解企业价值观的重要性。

HRBP 对企业价值观的宣传是十分重要的。组织入职培训是向员工宣传企业价值观的有效方法。一些大企业在员工入职后会及时开展企业价值观培训，使员工了解企业的历史和文化，传达企业的愿景和价值观，提高员工对企业的认同感。同时这些企业也会对员工进行职业道德培训，让员工了解在企业价值体系中哪些事情是被提倡的，哪些事情是明令禁止的。

HRBP 在对员工进行企业价值观引导培训时，需要系统地向员工讲解企业的文化理念和核心价值观，同时也需要对企业的愿景、发展战略、年度运营规划和经营理念等进行清晰、详尽的阐述。

为什么要对员工进行企业价值观引导？很简单，员工的工作是需要动力的，统一的价值观能够使员工更加团结。HRBP 必须给员工明确企业愿景，使其有追求愿景的动力。同时，价值观一致的员工能够更好地团结协作，发挥出更大的价值。此外，HRBP 也必须对员工的心态进行调整，激发其工作的责任心和担当，使其抱着积极向上的心态去工作，这样有利于员工更快地融入企业，更好地开展工作。

HRBP 在对员工进行企业价值观引导时，有没有个性化的培训方法？答案是肯定的。某家广告公司在对员工进行企业价值观培训时，就采取了别具一格的培训方法。

该广告公司的 HRBP 在向员工分享企业故事时，讲述了企业成立初期经历的一些成功与失败，并引申出对创意的探讨、对自我塑造的探讨。而公司的员工代表在分享经验时，讲的也不是该如何努力工作，而是工作中及与同事相处中的趣事。该公司这样安排的目的就是要营造一种年轻、活泼的氛围，使员工更容易认同公司，从而认同公司的价值观。

在进行企业价值观引导时，HRBP 要注意激发员工的使命感，激励其为实现个人价值、企业价值而努力工作。只有员工把企业目标当作自己的工作使命去努力实现，企业才会有更加强大的生命力。这样一来，员工在践行企业价值观、完成企业目标的同时也实现了自我价值。

此外，为了提高员工对企业价值观的认同感，HRBP 也可以让员工参与企业文化建设，从而提升员工的主人翁意识，提高其对企业价值观的认同感和对企业的归属感。

11.3.3 将企业价值观融入考核体系

近些年，很多企业在对员工进行考核时都会进行价值观测试，考察员工的价值观与企业文化的匹配程度。例如，京东就制定了一张能力价值考核表，考核员工是否适合在京东工作。

有的员工价值观考核分数很低，这类员工被称为"废铁"，一般不会被录取，即使侥幸通过面试，也会在实习期被刷掉。

有的员工价值观考核分数很高，但绩效不达标，这类员工被称为"铁"，京东一般会给予其一次转岗或培训的机会，让其进行调整。如果转岗或培训后，绩效仍不达标，他们则会被京东辞退。

有的员工价值观考核分数较高，绩效也能达标，这类员工被称为"钢"，他们在京东内部占比最高，是企业的主体。

有的员工价值观考核分数非常高，工作能力也非常强，这类员工被称为"金子"。这类员工可能是京东的高层管理者或技术骨干，是企业的核心力量。

还有一类员工工作能力非常强，但价值观与京东坚持的价值观极不匹配，被称为"铁锈"。这类员工一般不容易被发现，但可能会在未来某一天对企业造成重大破坏。因此，京东对待这类人的原则是宁愿职位空着，也不会用。

可见，价值观已经逐渐成为企业划分员工层次的重要标准。价值观是员工日常处事的行为准则，决定了员工在遇到问题时会怎么想以及怎么做。个人价值观与企业价值观相契合的员工在遇到问题时更会作出对企业有利的选择，个人价值观与企业价值观相背离的员工在遇到问题时往往只会考虑自己的利益而忽视企业的利益，使企业遭受损失。

为了引导员工形成正确的价值观，加强企业文化建设，HRBP 有必要将企业价值观融入考核体系。在具体实践中，很多 HRBP 会从员工的工作态度、能力素质等方面出发对员工的价值观进行考核，希望能够通过这些考核引导员工在工作中践行企业价值观。但是，随着考核的进行，HRBP 往往发现员工在日常工作中的表现并没有太大改善，企业价值观推广和企业文化建设依旧难以进行。那么，HRBP 怎样才能够真正将企业价值观融入绩效考核体系，使之引导员工的行为习惯呢？

首先，HRBP 要做好企业价值观的顶层设计，明确企业价值观是什么。例如，阿里巴巴的价值观体系包括以下几个方面：

（1）客户第一，员工第二，股东第三；

（2）因为信任，所以简单；

（3）唯一不变的是变化；

（4）今天最好的表现是明天最低的要求；

（5）此时此刻，非我莫属；

（6）认真生活，快乐工作。

其次，为了实现价值观考核，HRBP 要将企业价值观量化为可以落地的具体规范，并制定评分标准，同时需要明确价值观考核方式，根据考核结果对其进行分类，并进行有针对性的管理。例如，阿里巴巴的每一条价值观都有详细的"行为描述"，同时也是价值观的评分标准，如表 11-1 所示。

表 11-1 阿里巴巴价值观与行为描述

价 值 观	行 为 描 述
客户第一，员工第二，股东第三	心怀感恩，尊重客户，保持谦和； 面对客户，即便不是自己的责任，也不推诿； 把客户价值当成我们最重要的 KPI； 洞察客户需求，探索创新机会
因为信任，所以简单	诚实正直，言行一致，真实不装； 不唯上欺下，不抢功甩锅，不能只报喜不报忧； 善于倾听，尊重不同意见，决策前充分表达，决策后坚决执行； 敢于把自己的后背交给伙伴，也能赢得伙伴的信任
唯一不变的是变化	面对变化不抱怨，充分沟通，全力配合； 对变化产生的困难和挫折，能自我调整，并正面影响和带动同事； 在工作中有前瞻意识，建立新方法、新思路； 创造变化，带来突破性的结果
今天最好的表现是明天最低的要求	认真踏实，完成本职工作； 保持好奇，持续学习，学以致用； 不为失败找借口，只为成功找方法，全力以赴拿结果； 不满足现状，不自我设限，打破"不可能"的边界
此时此刻，非我莫属	独立思考，独立判断，不随波逐流； 工作中敢于做取舍，敢于担责任； 打破边界，主动补位，坚决做正确的事； 在需要的时候不计较个人得失，挺身而出，勇于担当

阿里巴巴会将员工的表现与每项价值观的行为描述作对比，符合得 1 分，不符合得 0 分。其中"认真生活，快乐工作"是其倡导的价值观，不进行考核。剩下的 5 条价值观每条包括 4 个行为描述，考核总分 20 分。

阿里巴巴通过自评和他评两种方式对员工进行价值观考核，并根据考核结果将员工分为三档：

A 档：能够超越自我，和组织融为一体，收获广泛好评。这类员工是企业的标杆人物。

B 档：言行表现与阿里巴巴的价值观相符，是一位合格的阿里人。

C 档：缺乏基本素质，突破价值底线。这类员工需要进行改进或离开。

员工连续两个考核周期都为 C 档，会被淘汰。

在将企业价值观融入考核体系的过程中，HRBP 可借鉴阿里巴巴的价值观考核方法。HRBP 需要明确企业价值观，并将企业价值观细化为具体的行为描述，将员工的行为和行为描述进行对比，最终对员工的价值观进行考核。对员工进行价值观考核是十分有必要的，它能够告诉员工企业的底线是什么，做事的规则是什么，从而规范员工的行为。此外，在对员工进行价值观评价的时候，HRBP 也要思考员工工作中的细节，保证所有评价都是基于事实的，而不是主观推断。

11.3.4 建立符合企业价值观的薪酬体系

HRBP 需要结合企业文化和企业价值观，设计出符合企业价值观的薪酬体系。

以某公司为例，由于公司处于创业期，创始人提倡创新、拼搏的企业文化和价值观。结合这一价值观，公司的 HRBP 梁超为员工设计了灵活性更强的宽带薪酬体系。

宽带薪酬是通过对传统薪酬模式的浮动范围进行整合，得出的浮动范围更大、薪酬等级划分更少的薪酬模式。该薪酬模式可以解决优秀员工的工资上限问题，有利于员工职业生涯的发展，也能够激发员工积极创新、努力拼搏的动力。

在某类岗位上，传统薪酬会划分多个层级。如图 11-4 所示，灰色矩形是员工岗位在传统薪酬模式下，岗位级别和薪酬的参数范围。例如，员工岗位最底端的灰色矩形代表一级员工的薪酬为 80000～100000 元/年。而图中白色的大矩形表示宽带薪酬，包括某岗位所有层级的员工的薪酬，薪酬范围显得更"宽"。

例如，员工岗位的白色矩形代表从一级员工到四级员工的薪酬在 80000～250000 元/年，只要一级员工足够优秀，可以得到比其他层级的员工更高的薪酬。同时，如果高级员工绩效不佳，薪酬会比低级员工更低。如此一来，便弱化了薪酬与员工层级之间的关系。

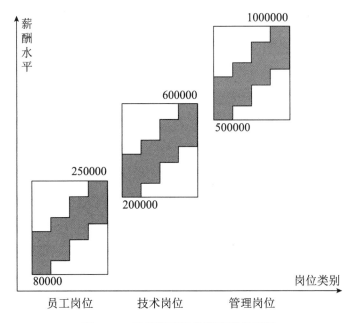

图 11-4 宽带薪酬和传统薪酬关系图

在设计宽带薪酬体系的过程中,梁超主要经历了以下几个流程。

(1)确定宽带的数量。

(2)根据不同工作的性质、难易程度等因素确定宽带薪酬的浮动范围。例如,对于某技术岗位,根据员工水平的高低,薪酬可以在 1500 ~ 6000 元 / 月浮动。

(3)宽带内横向职位可轮换。

(4)做好任职资格的评定工作。

该宽带薪酬体系有效地激励了员工,与员工拼搏进取的精神和拼搏进取的企业价值观相吻合,在激励员工的同时也体现了企业价值观。

福利激励是薪酬体系的重要内容,除了基本薪酬外,HRBP 也可以通过福利设计体现企业价值观。福利设计可以拆分成两类:基本福利和补充福利。基本福利是在相关的法律法规规定下,公司依法为员工提供的一些福利项目,如法定假期、社会保险、住房公积金等。补充福利则是根据公司实际情况,自行设计的福利项目。表 11-2 所示为常见的补充福利一览表。

表 11-2 常见的补充福利一览表

序 号	类 别	公司补充福利	备 注
1	补充保险	补充医疗保险	
2		综合意外伤害保险	
3		年金计划	
4		家庭保险	
5	住房计划	补充住房公积金	
6		购房无息贷款或贷款贴息	包括购房借款
7		住房补贴	
8		宿舍	
9	交通计划	交通补贴	
10		私车公用补贴	
11		购车补贴	
12		公车	
13		班车	
14	餐饮计划	餐费补贴	
15		免费食品	
16		内部食堂	
17		协议餐厅	
18	员工休息休假	带薪休假	
19		节日慰问金或礼品	
20		疗养	
21		弹性工作时间	
22		在家办公	
23	员工个人成长	员工内部培训	包括企业内部大学
24		员工送外培训	
25		学费资助	
26		定期轮岗	
27	员工身心关怀	员工体检	
28		员工活动	
29		带薪旅游	
30		员工心理辅导	

续表

序 号	类 别	公司补充福利	备 注
31	其他	手机通讯费补贴	
32		年资补贴	
33		生日慰问	
34		儿童托管中心	

补充福利是实现公司福利项目多样化的关键所在。恰当的福利设计，可以有效增强员工的幸福感，促进公司价值观的形成，加强公司的人才竞争力。

以零售行业巨头沃尔玛为例，作为一家世界性连锁公司，沃尔玛除了知名度非常高以外，其独具特色的激励性薪酬也很有借鉴意义。为了充分提升员工的工作热情和工作积极性，沃尔玛想出了各种各样的计划和方法进行公司文化创新，其中最有效的一条就是激励性薪酬。

沃尔玛的激励性薪酬设计，可以从以下4个方面进行详细说明，如图11-5所示。

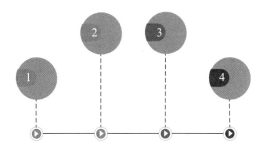

图11-5 沃尔玛的激励性薪酬设计

1. 独特的精神激励

在山姆·沃尔顿（沃尔玛创始人）看来，每一位员工都希望获得认可，并受到称赞。所以，在沃尔玛的激励性薪酬中，精神激励占据了十分关键的位置。具体而言，沃尔玛专门创办了一本面向员工的杂志——《沃尔玛世界》，该杂志的主要内容一共有3项，分别是优秀员工的称赞、利润分成的增长、退休员工的分红。

通过阅读《沃尔玛世界》，员工可以回顾历史，感受到优秀员工的魅力。例如，在该杂志的一期特刊中记载了这样一个故事：某位刚刚进入沃尔玛的员工，因为受到山姆·沃尔顿的称赞，工作起来特别有动力，在服务客户的时候也表现出了十足的耐心和亲和力。可以说，无论是对于员工自己还是沃尔玛来说，这都是非常有益的。

另外，为了更好地激励员工，沃尔玛总部以及各个商店的橱窗中，都张贴着优秀员工的照片。与此同时，各个商店还会安排已经退休的老员工站在商店门口迎接客户，而且经常会有客户请求与这些老员工合影留念。此举不仅提升了沃尔玛商店的安全性，还让老员工得到了非常珍贵的精神慰藉。

2. 多种薪酬制度相结合

为了进一步实现岗员匹配，促进员工自身特质与工作实际情况的高度契合，从而提升激励性薪酬的效果，沃尔玛采取了多种薪酬制度，具体如下。

（1）固定薪酬制度。根据行业认定的岗位价值核定标准为员工发放固定薪酬，实现"引人""留人"双管齐下，不断充实沃尔玛的人才库。

（2）薪酬+奖金制度。除了固定薪酬以外，沃尔玛还为员工准备了各种形式的奖金，如销售奖金、绩效达成奖金等。

（3）单一奖金制度。薪酬所得只有奖金，没有固定薪酬，薪酬的高低完全由销售情况、绩效表现决定。也就是说，在这种薪酬制度下，员工要想获得高薪酬，就必须努力工作，所以激励效果比较突出。

（4）钟点薪酬制度。以工作时数作为决定薪酬的唯一标准，主要用在兼职员工身上。另外，此类薪酬制度也对那些工作时数比较长的员工产生了持续的激励作用。

（5）计件薪酬制度。薪酬＝生产件数×单件薪酬，沃尔玛将其用来计算包装员工的薪酬，进而使包装效率和工作质量都有了很大提升。

3. 具有吸引力的奖金福利

奖金与福利是激励性薪酬中不可缺少的部分，但相比之下，用哪种形式、应该如何搭配则显得更加重要。在沃尔玛，奖金与福利的形式多种多样，而且搭配合理,具体如下。

(1) 固定奖金。为了避免员工的担心和紧张,沃尔玛采用了固定奖金形式,即按时如数发放年终奖金。

(2) 按照盈利发放奖金。在沃尔玛,有一部分奖金是按照当年的盈利情况决定的。当然,员工的绩效表现、岗位等级也被纳入考虑范畴。

(3) 依据部门目标达成情况发放奖金。如果部门目标顺利达成,沃尔玛就会为该部门发放奖金,然后再细分到每一位员工身上。如果部门目标没有顺利达成,就会适当缩减奖金,甚至不发放奖金。

(4) 保险。除了法定保险以外,沃尔玛还为员工提供额外保险,如劳工保险、汽车保险、员工意外保险、公司团体保险等。

(5) 补助。为了解决员工的后顾之忧,促使他们努力工作,沃尔玛将补助纳入激励性薪酬,主要包括子女教育补助、重大疾病补助、生日礼物、购物折扣、紧急贷款等。

(6) 休闲娱乐。沃尔玛的休闲娱乐主要包括团建活动、休闲俱乐部会员卡、国内外旅游、员工休闲中心等。

(7) 进修。为了提升员工的能力和技术水平,沃尔玛特意准备了两种进修方式,一种是在职进修,另一种是岗内培训。

4. 完善的晋升机制

与薪酬相同,晋升机制也是一种激励员工的方法。为了最大限度地激励员工,沃尔玛设计了一套比较完善的晋升机制,主要包括以下 3 个方面。

(1) 科学的晋升渠道。在工作生涯中,员工最关心的就是能否在一家公司中获得升迁发展。为了满足员工的这一需求,沃尔玛制定了科学的晋升渠道。这也让员工对自己的职业规划有了更加明确的方向。

(2) 客观的晋升标准。为了保证晋升机制的公平性与合理性,沃尔玛制定了客观的晋升标准。具体而言,究竟哪位员工可以晋升并不取决于管理人员的主观判断,而是取决于其业绩表现、努力程度、工作态度等客观因素。

(3) 晋升与培训相结合。在挑选晋升员工的过程中,沃尔玛还使培训工作得到了落实。具体来说,员工必须在完成相关培训,再通过测验并合格以后,才可以符合晋升条件。这样的做法让晋升员工的整体素质得到了很大提升。

沃尔玛多样化的激励性薪酬的创新体现了其在企业文化塑造方面的能力。这不仅可以充分提升员工的能力和素质，还为沃尔玛创造了一次又一次销售高峰，提升了公司的整体效益。

11.3.5 把控企业文化变革全流程

企业文化变革历时较长，是一项全面而系统的工作。单纯依靠片面的努力，并不足以支持一个全面的企业文化变革。HRBP需要保持耐心、坚持不懈，把握企业文化变革的流程和步骤，逐步做好这项工作。企业文化变革包括以下步骤，如图11-6所示。

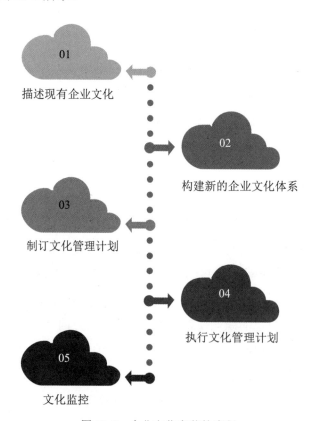

图11-6 企业文化变革的流程

1. 描述现有企业文化

HRBP 要意识到企业文化是如何影响员工行为的，他人对这些行为又作出了怎样的反应。在进行企业文化变革时，HRBP 必须了解企业的文化背景，因此，进行企业文化变革的第一步就是描述现有文化体系。

2. 构建新的企业文化体系

进行企业文化变革的第二步是构建新的企业文化体系。每个企业都有自己的目标，这些目标的实现需要企业文化的支持，但很多 HRBP 并没有重视两者的联系，只是从企业文化角度出发，制定了一些新潮的，但与企业不适应的价值观体系。结果，价值观成了摆设，员工只是记住了一些口号与标语，却无法将其应用在工作中。因此，在构建新的企业文化体系时，HRBP 要结合企业战略、企业目标，使企业文化与之相匹配。

3. 制订文化管理计划

企业的不同制度是相互联系的，一个微小的变化可能会影响企业的其他方面。因此，在进行企业文化变革之前，HRBP 要制订一个完善的变革计划，以规范和指导人们的行为。同时，HRBP 也需要在计划中表明变革的模式、变革涉及的部门、变革的阶段和进度、变革中的人员安排等，以保证整个变革工作的连贯性。此外，在变革计划中，HRBP 也要明确企业文化变革的支持因素和阻碍因素。

4. 执行文化管理计划

文化的形成需要强有力的灌输，只制定一些标语和口号，并不能让企业文化发生改变。想要变革成功，HRBP 必须付出艰辛的努力。

执行文化管理计划之所以困难，原因在于以下几个方面。

（1）企业规模是一个很大的问题。在规模较大的企业，让成百上千的员工认同一个价值观是一项艰巨的工作。

（2）许多企业并不是第一次进行文化变革，员工可能已经参与了许多次没有系统规划、没有成效的文化变革活动，已经疲于应付不断变革的企业文化。

（3）价值观是难以改变的，但又是变革企业文化时必须改变的。

HRBP需要注意执行文化管理计划的这些难点，为企业文化变革提出行之有效的措施。

企业文化变革需要全员参与，HRBP一定要注意员工在行为和观念上的改变。这就需要HRBP对员工进行系统培训，如企业文化理念培训、员工行为培训等，让员工对新的企业文化系统有一个明确的认识，最终达到心理上的认同和行为上的一致。

5. 文化监控

很多HRBP都有过这样的经历：制订了完善的企业变革计划，但进行变革后没多久就发现一切又回到了原点。企业文化不仅没有变得更好，还可能不如从前。文化的回归性和惯性可能会破坏企业文化变革的努力，因此，HRBP需要对变革后的文化进行巩固。HRBP需要对新文化进行调控和追踪，确保其持续发挥作用并获得预期成果。

在进行了以上流程后，HRBP还需要衡量企业文化变革的成果，明确企业文化变革是否成功。企业文化变革成功的标准包括以下3个方面。

（1）达成共识。文化的核心功能是凝聚力功能，简而言之就是达成共识。达成共识需要做到4件事：共同的事物、共同的语言、共同的行为、共同的感受。HRBP要善用工作环境、工作服装、工具等以形成共同的事物，善用管理制度以形成共同的行为，善用企业用语以形成共同的语言，善用企业形象以形成共同的感受，最终使员工达成共识。

（2）形成员工的行为习惯。企业文化表现为企业的工作氛围、价值观、信仰等，这些都会体现在员工的行为习惯上。企业文化对员工的行为具有约束作用，在一定程度上影响员工的行为能力。而企业文化的长期约束，能够形成员工的行为习惯。对内，员工的行为习惯决定了部门、个人之间的互动方式；对外，员工的行为习惯影响了企业活动的互动方式。这两种互动方式影响企业的效率和效益，对企业的经营业绩具有重要影响。

（3）承担企业责任，实现社会期望价值。企业责任包括4个方面：提供好的产品与服务、产生利润、提供就业机会、实现社会期望价值。企业责任是企业存在的理由，要么产品特别好，要么能提供就业机会，最终实现社会价值。

当企业能够实现社会期望价值时，企业价值观就会形成。换句话说，企业实现社会期望价值的途径，就是形成企业价值观。因此，只有实现了社会期望价值，企业文化才会有归宿。

企业文化对于企业来说是一笔巨大的财富，HRBP一定要关注企业文化变革，不断创造新的竞争优势。只有主动进行企业文化变革，才能形成一个具有企业个性和竞争力的企业文化，才能对企业经营产生积极影响。

附 录

附录 A
HRBP 职务说明书

岗位名称	HRBP	岗位编号	
所在部门	人力资源中心	岗位定员	
直接上级	HRBP 经理	工资等级	
直接下级		薪酬类型	
所辖人员		岗位分析日期	
本职：从人力资源视角出发参与业务部门管理工作，建立所在业务部门的人力资源管理体系			
职责与工作任务			
职责一	职责表述：人力资源规划、分析与优化		
	工作任务	岗位工作分析及价值评估，编制和维护《岗位说明书》； 制订并执行业务部门人力资源年度工作计划； 根据所在部门经营目标规划所在部门组织架构及人员编制； 参与所在业务部门领导力发展和人才发展通道建设		
职责二	职责表述：人才的招聘与储备		
	工作任务	招聘活动的协调与跟进工作； 参与招聘效果分析、招聘成果跟踪； 依据实际状况和岗位设置情况，向 COE 推荐适合招聘渠道； 做好人才储备和员工信息的管理与保密工作； 及时了解业务部门所在行业人才信息，反馈给招聘 COE 参考		
职责三	职责表述：人力资源评估及培训开发		
	工作任务	员工能力素质模型的完善与优化； 调研所在部门的培训需求，提报培训项目至业务部门经理审核； 部门培训工作的实施及公司培训的配合工作； 每季度汇总在职人员培训课时报告，报送至业务部门		

续表

职责四	职责表述：绩效的审核、实施与反馈	
	工作任务	执行公司搭建的绩效考核体系，严格遵守绩效考核制度； 为所在部门成员提供绩效培训及绩效辅导； 依据公司战略目标及部门（年、季、月）经营指标，合理制定本部门绩效考核指标； 负责统计处理绩效考评结果，进行绩效分析，并提出绩效改进方案； 接收及处理员工绩效投诉； 协助部门负责人完成员工绩效面谈并提供绩效指导； 依据绩效考核结果及时达成员工激励及淘汰预警
职责五	职责表述：所在业务部门的人力资源管理工作	
	工作任务	梳理业务部门的人力工作流程及与其他部门的工作衔接细则； 每月制定部门工作的分配合理性评估报告，报送至HRD； 落实公司人力资源各项管理制度，合理制定激励策略
职责六	职责表述：员工关系管理	
	工作任务	新员工试用期跟踪（工作态度、业务知识、工作计划完成情况等）； 员工入离转调手续的了解、跟进，及时告知SSC； 员工纠纷的协调、处理； 及时了解和掌握员工思想动态，并提出相应对策； 策划组织团建活动
职位绩效标准		
人事费用率、人均产值、招聘达成率、年度项目达成等		
权力		
审核所在业务部门提出的人员配置、异动和奖惩等各类报告； 审核所在业务部门各岗位定编方案； 审核所在业务部门岗位人员绩效指标、考核结果及绩效投诉； 审核所在部门人力资源成本		
工作协作关系		
内部协调关系	业务部门内部、相关职能对接部门和人员	
外部协调关系	无	

附录 B
HRBP 工作流程

阶　　段	项　　目	备　　注
前期准备	熟悉人事法律法规	
	熟悉各类制度方案	
	熟悉业务部门的组织架构	
	熟悉业务部门各科室岗位设置	
	学习各个岗位的说明书	
	了解业务部门人员情况	
	清楚 HRBP 工作界面	
入驻部门前期（1~3个月）	熟悉业务部门各科室办公区位置	
	与部门领导认识、交流	刚开始和业务一把手多聊，后期接触了解每个领导行事风格
	在和部门领导沟通中洞察业务部门当前最迫切的需求	初来乍到，先帮业务部门解决迫切问题，搭建友谊桥梁，降低其心理防御
	了解部门领导分工、部门通讯录	
	挖掘部门内各科室之间的运转逻辑，即子组织之间的运转机制	比如科室与部门领导，科室与科室之间的运转逻辑；部门例会时间
	通过各种途径学习部门业务	与部门人员交流、与科室领导交流、了解部门产品宣传册、参加部门例会等
	参加部门各种例会，后期参加各科室例会	前期多参加部门例会，后期参加科室例会，待熟悉后可有选择地参加例会，了解例会主要内容、主要业务或项目进展，掌握业务的难点和痛点

续表

阶　　段	项　　目	备　　注
入驻部门前期（1～3个月）	认识科室领导，主动接触他们，和他们多聊天，了解他们的人力需求与困惑	向科室领导介绍 HRBP 的角色定位；了解各科室的业务及分工；通过与他们沟通，了解科室内人员情况；了解科室的管理方式，从而判断科室领导的管理风格和管理能力；了解各科室骨干人员有哪些
	与每个科室领导单独交流，挖掘科室每个员工的主要职责、专长	
	了解每个科室主要是做什么的，主要产品是什么，重点需要哪些方面的人员	
	研究各科室之间的业务联系	
	帮助业务领导解决人力方面的需求	招聘、专家体系、人才梯队、绩效等
	找机会就宣传 HRBP 角色	内部会潜移默化宣传
	建立你和业务领导、科室领导交流的渠道和方法	可以建立企业微信，便于交流
	初步建立部门的人才梯队库	人员基本面梳理＋部门领导日常谈话洞察＋科室领导调研
	HR 日常工作贯穿始终	招聘、离职沟通、优化、员工咨询等
	关注重点特殊人群	专家、博士、入职 3 年内的应届生和试用期社招人员
	有机会可组织现场会议讨论，加深领导和同事对你的认识	以某件事为锚点，组织会议，相互讨论，加深感情。包括部门领导的会、科室领导的会、其他人群的会
	定期和部门领导沟通工作	需要人力领导协调的事情或资源
	不定时与 COE 交流沟通	
	制定问卷调研部门各层级人员对人力存在的疑惑或诉求	
	调研 COE 对业务部门的需求及工作困惑	
介入中期（3～6个月）	组织诊断	
	人才盘点	
	制定针对部门特点的方案	绩效方案、奖惩方案等
介入的锚点	组织、岗位、人员、业务与产品、运行机制（人力与部门的运行机制、部门内部各科室的运行机制）	
介入的工具	人力资源六大模块	

续表

阶　段	项　目	备　注
HRBP 技能	软性能力：主动沟通能力，洞察能力、诊断与辨别能力，事务终结能力（结果导向），创新能力（偏后期）。 专业能力：人力资源各模块能力；业务知识；理解公司或部门战略	

附录 C
2020年度 HRBP 工作计划书

第一章 前 言

2020年是以"业绩+管理升级"为目标的一年,从HRBP模块出发,本岗位的业务核心也主要集中在招聘、培训、绩效、员工关系四大模块,其中招聘、培训和员工关系,在2019年度经过实际工作的开展,取得了一定成绩并积累了一些经验,在此基础上,通过探索和实践,对于未来这一年度的工作开展计划和基础框架已初步形成,希望在领导和同事的指导与配合下,有目标、有计划、有步骤地形成HRBP工作体系。

第二章 HRBP 具体工作计划

一、招聘配置与人才测评

集团的快速发展离不开人力资源的支持,在满足集团各子公司用人需求的同时,也需要将招聘体系及人才测评体系逐步完善,本岗位也会协助招聘主管在2020年度完成相应的工作并把优秀、合适的人才引进企业,把合适的人才放在合适的岗位,争取在完成招聘计划和目标的同时实现人岗匹配。2020年度具体工作计划如下所示。

完成时间	工作项目/安排	达成目标/工作成果
1月	协助招聘机制与流程优化完善	面试评估/性格测评/背调机制的建立并实施
2月	人才测评工作的筹备	人才测评方案和计划的输出
3月	建立招聘计划与需求的评估机制	从实际需求出发给出合理化用人建议
3月	人才测评工具选择及信息收集	以核心岗位为试点收集信息并选择测评工具
4月	人才测评培训及试点	进行人才测评培训并对试点岗位进行测评
5月	人才测评验收	测评结果报告输出并复盘
5月	员工访谈工作开展	计划并实施，完成员工方案并输出访谈结果
6月	建立集团—子公司招聘引导流程机制	输出集团—子公司招聘任务分工及引导制度
7月	人才测评二次实施	完成人才测评并输出测评报告
12月	年度招聘工作总结	输出年度招聘工作总结报告
全年	人才招聘	及时率×%、完成率×%、合格率×%
全年	招聘工作指导与协作	实时协助各地区子公司人才招聘工作的开展

二、培训与开发

人才的成长与岗位的契合度以及人才与企业发展的需求匹配度只能无限拉近，永远无法对等，而这个过程离不开培训工作，培训的开展不仅仅是完成一场培训，更是使培训效果变成实际工作产出，以此为目标2020年度培训具体工作安排如下所示。

完成时间	工作项目/安排	达成目标/工作成果
1月	协助培训需求调查	拟定培训需求调查机制并完成培训需求调查
1月	培训计划拟订	根据需求和评估输出最终年度培训计划
2月	协助新员工培训机制优化升级	优化调整并输出新版新员工培训机制并实施
2月	培训评估体系建设计划	设计培训评估机制草案
3月	培训评估体系调整	确定第一版培训评估机制
4月	培训评估机制实施	全面实施培训评估机制
7月	下半年培训计划评估	完成下半年培训计划调整并正式实施
8月	培训评估机制复盘	优化培训评估机制并调整完善
全年	协助与配合培训的组织和开展	确保培训工作的顺利开展
下半年	培训评估结果管理	收集、验证、反馈评估结果
11月	培训工作总结	输出年度培训工作总结报告
12月	下年度培训计划	完成下年度培训计划拟订工作

三、绩效管理与评估

2020 年度根据集团要求,拟推行绩效管理制度,绩效管理的目的是基于企业发展的战略方向和目标,促进并激励员工基于各自岗位的任务和目标去努力和提升。其也是评判员工产出优劣与否的关键指标之一,以此为前提条件,根据集团发展情况拟订 2020 年度绩效管理与评估工作计划。

完成时间	工作项目/安排	达成目标/工作成果
1 月	绩效管理制度建立	拟定绩效管理制度并优化实施
2 月	绩效管理工具筛选	根据集团及子公司实际情况确定绩效工具
2 月	绩效管理培训及指标评估	完成绩效评估并建立指标库
3 月	绩效指标权重确定并实施	正式实施绩效考评试行工作
3 月	绩效实施过程跟踪	确保绩效考评正常实施
4 月	绩效面谈组织开展	完成第一次绩效面谈管理工作并输出报告
6 月	绩效管理优化总结	优化并总结试行工作,正式开始实施
9 月	绩效访谈	完成全员绩效访谈并输出报告
12 月	年度绩效总结	输出年度绩效总结报告

四、员工关系建设与管理

2020 年是集团飞速发展和扩展的一年,全国性跨区域的性质给管理工作带来了挑战,其中员工关系建设与管理也是非常重要的一环。从基础的劳动关系出发,到员工关怀,再到员工福利,再到企业文化的宣贯,再到团队精神的建设和团队意识的养成,都离不开员工关系建设与管理,2020 年度将会深入各区域子公司,切合实际地做好以下员工关系建设与管理工作。

完成时间	工作项目/安排	达成目标/工作成果
1 月	建立劳动关系管理机制	输出劳动关系管理制度
2 月	员工满意度调查	完成在线员工满意度调查并输出报告
3 月	员工关怀机制建设	讨论员工关怀机制并输出方案
4 月	员工关怀机制实施	建立员工关怀机制并正式实施
每季度	员工访谈	深入地区了解员工实际情况并输出报告
全年	企业文化建设	输出企业文化建设方案并全年实施

五、调研

HRBP 的职责是深入业务，了解业务现状，发现业务需求，解决业务难点，而与其相关的信息除了来源于日常工作的开展和与业务部门的接触，还需要进行正式的和非正式的调研，结合 2019 年度工作开展情况，在 2020 年制订以下调研计划：

完成时间	工作项目/安排	达成目标/工作成果
2 月	运营调研计划	拟订运营调研方案并输出最终调研计划
4 月	完成第一次调研工作	调研并报告输出
2 季度	完成第二次调研工作	调研并报告输出
3 季度	完成第三次调研工作	调研并报告输出
4 季度	完成第四次调研工作	调研并报告输出

六、组织赋能

作为业务伙伴，优化组织结构、提升组织流程效率、促进跨部门有效沟通、加强企业文化建设与宣导、做好区域人力资源咨询服务、人力资源工作的开展，以及团队建设的活动支撑，每一项工作都是 HRBP 需要去计划、组织、协调、控制和配合的，也是 HRBP 最终的价值所在，希望 2020 年在集团的领导和支持下，通过本岗位的工作给组织作出应有的贡献。

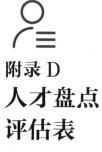

附录 D
人才盘点评估表

被评估人		评估人	
1. 被评估者专业知识表现			
○对专业知识无初步概念，完全不懂专业相关内容 ○对专业知识有初步概念，能够听懂基本专业术语，需要在指导下工作 ○能够独立运用专业知识，并能够当作工作语言运用 ○熟练运用，并能够指导新手 ○融会贯通，运用自如，并能结合实际情况有所创新			
2. 被评估者工作主动性			
○针对现有问题，不想办法处理解决 ○对现有的机会有清醒认识并采取行动，克服障碍解决现有问题 ○针对可能出现的问题，自觉投入更多的努力去学习或做更重要的事情 ○采取非常特殊的办法（如更改计划，主动沟通等）创造机会或减少潜在问题的发生 ○超前于任何其他人，独到地预见某种机会或问题并为之做好准备			
3. 被评估者学习能力			
○无内在学习驱动力，不愿意接受和学习新的知识和技能 ○对新知识和新技术有好奇心，愿意收集相关的信息，但没有进行较好的加工 ○在工作中碰到问题能主动向其他同事学习类似问题的解决办法 ○能够从实践中总结出新的方法，进而指导今后的工作 ○从事自己不太熟悉的任务时，能够钻研资料，采用特定的学习方法获取新知识和新技术，尽快适应新的工作要求			
4. 被评估者责任心表现			
○经常因为自己个人问题不能完成工作任务 ○按工作的一般要求自觉采取行动完成本职工作 ○关注工作细节，能投入更多的精力，积极主动地承担工作任务 ○能将个人成就与所在组织绩效融为一体，自主克服工作困难，成功完成工作任务			

续表

○ 把公司利益置于个人利益之上，或为了公司利益，在有损个人形象或有损本部门短期利益的情况下，仍能作出顾全大局的决定

5. 被评估者诚信度表现

○ 品行不佳，言行有损公司形象，令人无法信任
○ 偶有违规行为，但影响不大，很难得到他人的信任
○ 无违纪违规行为，能够遵照公司要求与社会道德标准处事
○ 品行廉洁，绝大多数情况下能够把握分寸，以身作则
○ 品行廉洁，言行诚信，以身作则

6. 被评估者团队协作表现

○ 只关心个人利益，难与其他团队成员合作，甚至影响团队工作氛围
○ 只关心本职工作，对其他工作不闻不问
○ 理解领导意图，主动为领导分担责任，乐于协助团队其他成员
○ 充分理解团队目标，乐意为团队目标作贡献
○ 能够牺牲个人利益，和他人通力合作，积极达成目标

7. 被评估者服务意识表现

○ 无视对方的需求、要求、抱怨，只从自己的角度考虑问题
○ 追踪对方的要求、抱怨等，让对方感觉到被关注，但没有深究对方的深层问题或困难
○ 与对方保持沟通，给客户提供有益信息，以及友善和开心的帮助
○ 对对方的需求作出快速和准确反应，尽管可能因此给自己带来不便
○ 了解对方的潜在需求并提前为客户的利益发展提供有针对性的建议

8. 被评估者人际理解能力表现

○ 很难感知到对方表现或透露的外在情况，经常误解对方所要表达的意思
○ 对对方表现或透露的外在情感或明显内容有所感知，但不能理解
○ 对对方表现或透露的外在情感或明显内容能理解
○ 对对方未表达出或表达很含蓄的意义能理解，并能及时给予反馈
○ 能够清楚地理解对方表达的深层含义，并理解其如此行为的隐藏原因

9. 您对该员工初步评价

○ 该员工具有高职业行为和优秀的绩效能力，具备升迁到更高管理层级的能力
○ 该员工具有中等职业行为和优秀的绩效能力，有能力在目前的管理层级承担更大、更广泛的工作职责
○ 该员工具有低职业行为和优秀的绩效能力，有能力在同一层次的相似工作岗位高效地工作，工作老练
○ 该员工具有高职业行为和合格的绩效能力，将来有能力晋升，但首先应该在目前的岗位上做得更加出色
○ 该员工具有中等职业行为和合格的绩效能力，有可能在目前的层级承担更多的职责，但是应该努力达到优秀的绩效
○ 该员工具有低职业行为和合格的绩效能力，需要往更优秀的绩效努力

续表

○该员工具有高职业行为和需要改进的绩效能力，在工作岗位上还没有表现出应有的绩效水平，但具备较高潜能
○该员工具有中等职业行为和需要改进的绩效能力，应该努力提升当前层级的绩效水平
○该员工具有低职业行为和需要改进的绩效能力，必须帮助其绩效达标，否则需重新安排一个更适合的岗位或者帮助其寻找其他工作机会

参考文献

[1] 新海. HRBP 是这样炼成的之菜鸟起飞 [M]. 北京：中华工商联合出版社，2015.

[2] 新海. HRBP 是这样炼成的之中级修炼 [M]. 北京：企业管理出版社，2017.

[3] 新海. HRBP 高级修炼：世界 500 强人力资源总监实践笔记 [M]. 北京：企业管理出版社，2018.

[4] 陈胜军. HRBP 理论与应用案例 [M]. 北京：清华大学出版社，2018.

[5] 马娜. HR 进化：新时代招聘管理与薪酬绩效 [M]. 北京：电子工业出版社，2020.

[6] 胡华成. 绩效管理与考核全案 [M]. 北京：清华大学出版社，2019.